4

„Intelligenz ist die Fähigkeit,
sich an den Wandel
anzupassen."

Stephen Hawking

Widmung

**Für mutige Unternehmer*innen
die mit Zuversicht die Zukunft gestalten.**

Inhalt

Vorwort 12

Zur aktuellen Auflage 16

Transformation in die Zukunft 18

Aufbau digitaler Wertschöpfungsnetze 23

Smart Platform Companies: Eine neue Dimension unternehmerischer Freiheit 30

Warum wir an den Mittelstand glauben 31

Digitalisierung muss sich lohnen 34

Was wir mit diesem Buch erreichen wollen 36

1.0 Hidden Champions unter Druck — 39

1.1 Ende des linearen Optimismus — 40
Trotz allem: KMU haben großes Potenzial — 43
Jede Krise ist ein Anfang — 44

1.2 Digitale Transformation: Warum der Mittelstand seine Kunden vergessen hat. Und wie er sie wiederfindet. — 54
Disruption: Weil es der Kunde so will — 57
Digitale Transformation: Das Geschäft neu denken – für den Kunden — 62
Frühere Fehlversuche: Schlussstrich ziehen, neu starten — 66
Komplexität und Unübersichtlichkeit? Ja, bitte. — 68
Umsetzungskompetenz: Konsequent aufbauen — 70
Fazit Kapitel 1.2 Digitale Transformation: Zurück zum Kundenfokus — **72**

1.3 Champions im Mittelstand: Warum es ihnen so schwerfällt, das eigene Geschäft neu zu denken. Und wie es trotzdem gelingt. — 74
Haltung: „Zu viel Selbstgewissheit" — 75
Katastrophismus: Weniger Sorgen, mehr Denken — 78
Stillstand statt Innovation: Schluss mit der mentalen Leere — 80
Fazit Kapitel 1.3 Gemeinsame Wertschöpfung:
Das Geschäft neu denken — **86**

1.4 Plattformbasierte Kooperation: Eine neue Perspektive — 92
Die große Skepsis: Warum sich Mittelständler mit Kooperationen so schwertun — 89
Horizontale und diagonale Kooperationen: Viel ungenutztes Potenzial — 90
Altlasten: Gescheiterte Kooperationen — 96
Strategien? Nichts, was nach vorne führt. — 100
Vom Familientisch zum Co-Workingspace — 102
Fazit Kapitel 1.4 Unternehmerische Kooperation: Ein neuer Rahmen,
neue Spielregeln und eine neue Haltung — **106**

Fazit Kapitel 1 — **108**

2.0 Transformation zum Digital Leader — 110

2.1 Strategische Disposition: Vom Produkt zum Nutzen — 112
Mindset: Kunden mit Services binden und begeistern — 114
B2B-Modell: Das Prinzip Subscription — 123
Methoden: Was will der Kunde? — 131
Fazit Kapitel 2.1 Strategische Disposition: Subscription und Kooperation für mehr Kundennutzen — 134

2.2 Business Architektur: Geschäftsmodelle neu denken — 136
Mindset: Immer wieder verbessern, verändern und vernetzen — 140
B2B-Modell: Vernetzt denken, zirkulär arbeiten — 143
Methoden: Wo, bitte, geht's zur Zukunft? — 147
Fazit Kapitel 2.2 Business Architektur: Verbessern, verändern, vernetzen, von der Zukunft aus denken und in Kreisläufen wirtschaften — 152

2.3 Entity Design: Den richtigen Rahmen setzen — 154
Mindset: Die richtigen Spielregeln — 156
B2B-Modell: Plattformen auf- und weiterbauen — 158
Methoden: Entwicklung der Entity — 162
Fazit Kapitel 2.3 Entity Design: Gründen für die Zukunft – das bedeutet mehr Vertrauen statt mehr Verträge. — 170

Fazit Kapitel 2 — 172

3.0 Durchbruch in die Zukunft — 174

3.1 Value Merge: Aus der Zukunft gedacht, für die Zukunft gemacht — 176
Mindset: Offen für den Generationswechsel — 178
B2B-Modell: Gemeinsam Früchte ernten — 179

Fazit Kapitel 3 — 180

Danksagung — 186

Literatur und Quellen — 188

Vorwort

Es wird viel darüber diskutiert was die richtige Digital Strategie für Unternehmen ist. Digitalisierungsprojekte schaffen den Faktor 10, also eine deutliche Skalierung des Geschäftsmodells. Allerdings ist diese Skalierung bisher lediglich in den Kosten, selten jedoch in den Ergebnissen zu spüren. Der Innovationsdruck bleibt konstant hoch, die Wettbewerbsbedingungen verschärfen sich zunehmend. Bisher fehlt es an konkreten Ideen die eigenen Digitalisierungsprojekte strikt am Kunden auszurichten.

Wir sind überzeugt davon, dass der Mittelstand trotz aller Herausforderungen immer noch sehr erfolgreich aufgestellt ist und dass er zu neuer Größe finden kann, wenn er eine doppelte Herausforderung meistert: die Digitale Transformation und den Zusammenschluss mit anderen KMU. Wir sagen: Die Hidden Champions 2.0 sind vernetzte Champions. Wobei wir etwas anderes im Sinn haben als offene, digitale Wertschöpfungsnetze, die viel zu häufig an der Datenintegration, an Patentproblemen und auch an Kompetenzgerangel scheitern. Wir sehen einen neuen Weg neben dem alten Erfolgsrezept der Einzelkämpfer, der etwas neueren Idee der Co-Selling Partnerschaften und den offenbar überfordernden Wertschöpfungsnetzen: Wir sehen SMART PLATFORM COMPANIES als eigenständige Gründungen, gebaut aus einzelnen Komponenten verschiedener Mittelständler.

Jetzt geht es darum, das Know-how, die Kompetenz und Kreativität der KMU zu bündeln, und mehr noch: mit den Verbund-Angeboten die Schlagkraft am Markt zu vervielfachen, den gemeinsamen Kundenfokus zu unterstützen und die Einbindung von Investoren zu erleichtern.

Unser Ziel besteht darin, interessierte KMU in der Automobilindustrie und im Maschinenbau sowie in der Investitionsgüterindustrie auf ihrem Weg hin zu gemeinsamer digitaler Wertschöpfung zu begleiten – und das heißt: zu einer neuen Dimension unternehmerischer Unabhängigkeit und eine Skalierung mit dem Faktor 10. Diesen Ansatz haben wir sehr pragmatisch beschrieben und mit vielen Praxisbeispielen nicht nur aus dem deutschen Mittelstand veranschaulicht. Wir zeigen auf, welche Möglichkeiten Unternehmer auf dem Weg ins digitale Zeitalter haben und welche Strategien zur Anwendung können. Das Ergebnis: das skalierende Neugeschäft der Zukunft.

Eine inspirierende Lektüre wünschen Ihnen
Kay Freiland & Jürgen Margetich

Zur aktuellen Auflage

Registrieren Sie sich gerne als Partner auf unserer Webseite:

www.digitalmissionpioneers.com

Dieses Buch reflektiert einerseits unsere Erfahrungen aus Projekten in der Unternehmensberatung der letzten 20 Jahre und andererseits und dieser Aspekt überwiegt aus Recherchen und Gesprächen, die wir mit Unternehmern, Partnern und Investoren über die Zukunft des Mittelstands geführt haben. Es ist aus dem Drang entstanden, zu gestalten und Neues zu wagen. Diese Idee haben wir gerade selbst mit der Gründung von dmp! erfahren.

Damit markiert diese Auflage einen Meilenstein auf unserem unternehmerischen Werdegang und in unserem Diskurs. In dieser Version bilden wir Hypothesen und leiten aus der Praxis konkrete Ansätze ab. Wir sehen es nicht als ein einmaliges Werk, sondern werden in weiteren Auflagen neue Erkenntnisse, Erfahrungen aus unseren Projekten und Umsetzungen sowie Beiträge von Partnern einfließen lassen.

Wir verstehen dieses Buch als Teil eines laufenden Diskurses und als Impuls!

Dem folgend werden wir künftige Änderungen und Ergänzungen immer auch im Kontext der Vorauflagen kennzeichnen und als Updates an die Community der bestehenden Leser*innen per E-Mail versenden.

Dazu möchten wir Sie herzlich einladen! Registrieren Sie sich bitte auf unserer Website. So können Sie auch selbst über Gastbeiträge und Kommentare an der nächsten Auflage mitwirken.

Startpunkte zur digitalen Transformation

Buchen Sie folgende Angebote
auf unserer Webseite:

www.digitalmissionpioneers.com

1 dmp! Unternehmergespräch

Digitalisierung, die sich lohnt! Praxisbeispiele aus dem Mittelstand zur Erneuerung und Skalierung von Geschäftsmodellen. Format: 90 min moderiertes Onlinemeeting über MS Teams oder ZOOM inkl. Diskussion und Fragerunde.

2 Positionsbestimmung

Evaluierung und Willensbildung für Transformation in Omnichannel und Zusammenführung der bislang getrennten Aktivitäten. Identifikation der Position und des digitalen Reifegrads. Entwicklung erster Ideen, wie das Geschäftsmodell skaliert werden kann.

3 Potenzialanalyse und Zukunftsperspektiven

Analyse Geschäftsmodell, Bench Plattformen und Umfeld, potenzieller Fit zu vier möglichen strategischen Dispositionen (Subscriptionsmodelle, *aaS, Plattform, Ecosystem). Workshops, Interviews inkl. Dokumentation und Handlungsempfehlung.

Transformation in die Zukunft

Kay Freiland

Der Wunsch schlummert schon sehr lange in mir – selbständiger Unternehmer zu sein. Inspiration dafür habe ich schon in jungen Jahren erhalten, waren meine Eltern selbst Unternehmer und haben über viele Jahre ein erfolgreiches Unternehmen geführt. Dann kam 1990.

Zehn Tage vor meinem achtzehnten Geburtstag starb mein Vater. Dieser Tag hat meinem Leben eine einschneidende Wendung gegeben. Wie sehr mich diese Zeit und diese Ereignisse geprägt haben, wurde mir erst viel später bewusst.

Nach dem Abitur wollte ich gleich in die Praxis. Allerdings war ich für die damals sehr populäre, klassische Banklehre nicht konform genug, sodass ich eine Ausbildung zum Groß- und Außenhandelskaufmann absolvierte. Weil nach dieser Ausbildung noch so viele meiner Fragen offengeblieben waren, wollte ich unbedingt noch Betriebswirtschaft studieren. Bevor ich zur Universität durfte, musste ich noch meinen Wehrdienst erfüllen, dann stieg ich tief ein in mein Thema.

In den nachfolgenden Stationen in verschiedenen Unternehmensberatungen habe ich mich mit den unterschiedlichsten Optimierungsansätzen und -methoden beschäftigt. Angefangen von der Optimierung von IT-Systemen und Prozessen, über die Optimierung von Organisationseinheiten bis hin zur kompletten Restrukturierung und Sanierung von Unternehmen. Und genau das mache ich mit Leidenschaft bis heute: Optimieren von Unternehmen. Immer mit dem Ziel, dass ein Unternehmen gesund wird oder bleibt, und dass es für die Zukunft gewappnet ist, ganz gleich, wie diese Zukunft aussieht.

Mich haben nicht nur meine Erlebnisse, sondern vor allem die Haltung der Unternehmer nachhaltig geprägt. Es war für mich immer klar, dass ich selbst irgendwann Unternehmer sein will. Jetzt habe ich die Entscheidung getroffen, das was ich mit meinen Kunden erreichen möchte – sich selbst neu zu erfinden – habe ich nun selbst erfahren.

Als Unternehmensberater habe ich zusätzlich einen Aspekt unternehmerischer Haltung kennengelernt, der in den 1990er-Jahren unter Mittelständlern noch wenig verbreitet, vielleicht, weil er noch nicht notwendig war. Solidarität.

Das, so weiß ich heute, ist die Perspektive für den Mittelstand, nach der ich so lange gesucht habe. Und diese Idee hat mich mit Jürgen Margetich zusammengebracht.

Solidarität. Miteinander arbeiten, Win-Win-Situationen herstellen, Synergien nutzen, sich vernetzen. Wertschöpfungsketten aufbrechen und weiterentwickeln zu neuen Unternehmen mit gemeinsamer Wertschöpfung.

Aufbau digitaler Wertschöpfungsnetze

Jürgen Margetich

Ich habe schon früh eigene, unternehmerischen Erfahrungen gesammelt. Schon mit 17 begründete ich mit Freunden eine Filmproduktion. Die familiäre Prägung zwischen der Welt des Vaters, der ein mittelständisches Unternehmen im Konzernverbund über Jahrzehnte führt und jener der Mutter, einer bildenden Künstlerin mit Atelierbetrieb und Ausstellungen zeichnete meinen Weg vor. Dieser steht für Kreativität und unternehmerische Umsetzungskraft. Als „Mehrfachgründer" habe ich eigene Ideen anderer in Form von Unternehmen umgesetzt und wachsen lassen.

20 Jahre ist es her, da habe ich mit einem Partner zum ersten Mal alteingesessene Einzelkämpfer zu einem digitalen Wertschöpfungsnetz verknüpft. Geht nicht, sagten die. Geht doch, fanden wir. Seit dieser Erfahrung treibe ich im deutschen und österreichischen Mittelstand eigentlich unmögliche Projekte voran. Geht!

Unsere Idee damals: Schulbuchverlage neu denken. Weg von reinen Inhaltslieferanten hin zu Community Hosts für vernetzte Lehrerinnen und Lehrer. Wir gaben neuen Inhalten eine Plattform, der neuen Bildungskultur eine Chance, machten aus passiven Buch-Konsumenten aktive Produzenten: Prosumer! Um das Jahr 2000 war das ein veritabler Erdrutsch im Beziehungsgefüge Schule – Lehrer – Schüler – Schulbuchverlage. Heute Normalität.

Was für die Verlage schon damals galt, trifft heute für den kompletten Mittelstand: Wer bereit ist, die Tradition des eigenen Unternehmens neu zu schreiben, der wird sie fortschreiben. Anders, besser. Wer das nicht will, wird sie abschreiben müssen. Zwei Learnings habe ich mitgenommen, die mich seither geleitet und die sich in vielen erfolgreichen Beratungsprojekten bestätigt haben:

Satelliten fliegen weiter: Das Potenzial gemeinsamer, digitaler Wertschöpfung lässt sich in den meisten Fällen nicht in bestehenden Stammhäusern „herbei verwalten" (schon sprachlich ist das schwierig). Doch wer das Potenzial seines Stammhauses zu nutzen weiß und seinen digitalen Service-Beitrag als unabhängigen Satelliten startet, kommt in der Zukunft an. Gemeinsame Wertschöpfung braucht Fokus: Freiheit und unternehmerischer Erfolg sind zentrale Motivationstreiber. Doch gemeinsamer Erfolg braucht einen gemeinsamen Fokus: Kundenorientierung. Und gemeinsamer Erfolg braucht vernetzte Führungskräfte, die sich darauf einlassen, eine Vision zu erkunden und Wirklichkeit werden zu lassen. „It's all about leading leaders!"

Als ich Kay Freiland kennenlernte, war sofort klar: Wie wir sind, könnte unterschiedlicher nicht sein. Und was uns bewegt, passt perfekt zusammen. Was mich bewegt? Für Mittelständler das tun, was Berater üblicherweise nicht tun: Ich unterstütze Unternehmer als engagierter, unternehmerischer Partner – mit deutlich mehr Leidenschaft. Ich schäle mit ihnen ihre einzigartige, unternehmerische Idee heraus und entwicke sie weiter zu einem tragfähigen Geschäftsmodell – real, nicht nur am Flipchart. Ich vermittle Kontakte zu möglichen Geschäftspartnern – sodass sie konkret einsteigen können in die gemeinsame Wertschöpfung.

Damit endlich Schluss ist mit der Trümmerlandschaft im Mittelstand, und Hidden Champions wieder das tun, was sie am besten können: unternehmerische Ideen in eine neue Wirklichkeit verwandeln.

Geleitwort

Prof. Heinrich Arnold

„Unternehmen benötigen Allianzen und Partnerschaften – am besten Smart Platform Companies, um genügend kritische Masse in der Markterschließung zu mobilisieren."

Selten genug wird der Zusammenhang zwischen handelnden Personen, ihrer Haltung, ihrem „Mindset" und der richtigen Ausrichtung von Unternehmen und deren Strategie, die Chancen der digitalen Transformation für sich zu nutzen, so klar herausgearbeitet wie in diesem Buch.

Dabei gehen die Autoren noch einen Schritt weiter: nicht nur beschreiben sie die verschiedenen notwendigen Perspektiven auf erfolgreiche Geschäftsentwicklung in einer Welt, die sich durch digitale Möglichkeiten neu erfindet, sondern ziehen den roten Faden bis hin zu sich selbst und ihrem persönlichen Kontext.

Genau diese Haltung ist erforderlich und nachahmenswert, geht es doch um die persönliche Verantwortung für notwendige mutige Entscheidungen, um grundsätzliche Weichenstellungen in weiten Teilen der deutschen und europäischen Unternehmen. Es ist inzwischen klar, dass es nur Entscheidungsträger*innen und Schlüsselexpert*innen gelingt, die Chancen der digitalen Transformation in „Open Innovation" Ecosystemen zu realisieren, wenn sie mit einer persönlichen Haltung der Offenheit und Bereitschaft zur Partnerschaft, einem „Growth Mindset" agieren.

Im weltweiten Wettbewerb schaffen es nur wenige Unternehmen alleine, neue Produkte und Services global zu skalieren. Dazu ist die Transparenz in den Märkten zu hoch und der globale Wettbewerb zu schnell, als dass man Zug um Zug auf sich alleine gestellt wachsen könnte, wie es noch vor 20 Jahren der Fall war. Unternehmen benötigen Allianzen und Partnerschaften, am besten Smart Platform Companies, um genügend kritische Masse in der Markterschließung zu mobilisieren. Allianzen, Partnerschaften und Ecosysteme sind das geeignete Mittel, um interessante neue Angebote schnell und attraktiv zu entwickeln. Das Arbeiten mit Varianten in einem Ecosystem ist zudem der geeignete Ansatz, um die eigene Wertschöpfungskette krisensicher zu machen. Und genau das schaffen nur Unternehmer mit der richtigen Grundhaltung.

Zuversichtlich, dass dies in Deutschland und Europa zunehmend gelingen wird, stimmt mich der Umstand, dass mittlerweile etliche Unternehmen und sogar Regionen in den letzten Jahren erfolgreich ein Wachstums-Ecosystem von Allianzen und Partnerschaften aufbauen konnten. In meinen beruflichen Rollen hatte ich das Glück und die große Freude, das Entstehen der Innovations-Ecosysteme in Berlin und in Beersheva, Israel, mitzuerleben und mitzugestalten. Die Erwartungen wurden bei weitem übertroffen: Niemand hätte 2004 damit gerechnet, dass es in Berlin zu einer zweiten Gründerzeit kommt und in Beersheva der Hightech-Standort der Cyber Security der westlichen Welt schlechthin entstehen würde. Umso mehr sind diese beiden Ecosysteme Belege dafür, wieviel innerhalb eines Jahrzehnts möglich ist.

Die deutsche und europäische Industrie hat sich in den letzten hundert Jahren wiederholt neu erfunden, sie hat den Wechsel von politischen Systemen, verheerende Kriege, Wirtschaftskrisen und Innovationsdisruptionen gemeistert. Der Altersschnitt etablierter Unternehmen liegt in Deutschland bei über 100 Jahren, während er in den USA nur bei ca. 20 Jahren liegt. Die Fähigkeit zur Grunderneuerung ist offenbar eine deutsche Kompetenz. Es ist wieder Zeit – höchste Zeit – für eine Grunderneuerung der deutschen Industrie einzutreten und die Ecosysteme zu gründen und auszubauen, die die Zukunft sichern.

Es ist nur so, dass die Grunderneuerung nicht von alleine passieren wird. Arbeiten in Ecosystemen heißt auch helfen und sich helfen lassen. Es braucht mutige Entscheidungen. Auch dazu, sich helfen zu lassen. Glückwunsch den Autoren und mit Nachdruck alles Gute und meine persönliche Unterstützung für Ihren Angang, Ecosysteme für das Zukunftsgeschäft und den Werterhalt der deutschen und europäischen Industrie zu gründen und mitaufzubauen.

Auf eine neue Gründerzeit!

Berlin, im Herbst 2020

Prof. Dr. Heinrich Arnold, M.S.Engineering (Stanford), M.B.R.
_ Unabhängiger vielfacher Beirat und Aufsichtsrat
_ Honorarprofessor für Engineering of Digital Transformation
  an der TU Berlin
_ CEO der größten deutschen Technologie-Managementberatung
  Detecon 2016-2019
_ F&E Chef der Deutschen Telekom 2004-2016

Smart Platform Companies: Eine neue Dimension unternehmerischer Freiheit

Der Druck, der Stress, die Angst: Wie es sich anfühlt, wenn einem Unternehmen die Luft ausgeht, das haben wir beide hautnah erlebt. Wir beide stammen aus Unternehmerfamilien, wir beide haben unternehmerischen Überlebenskampf und unternehmerisches Scheitern aus nächster Nähe beobachtet und auch schon selbst erlebt.

Kay Freiland, aufgewachsen im Umfeld schwäbischer Familienunternehmen, wusste intuitiv schon in jungen Jahren: Es hätte nicht so ausgehen müssen. Unternehmen aus diesem Umfeld hätten überleben können, wenn man die Vorzeichen früher gesehen hätte, wenn man andere Perspektiven gefunden hätte, wenn man rechtzeitig gehandelt hätte. Nur: Was hätte man sehen müssen? Welche Perspektiven hätte es gegeben? Und was hätte man tun können? Heute, 30 Jahre später, ist Kay Freiland ein erfahrener Unternehmens-Optimierer – und die Geschichten wären wohl anders ausgegangen. Jürgen Margetich erlebte den ersten Internethype mit einem eigenem Start-up-Unternehmen, kostete dabei alle Höhen aus – und auch die Tiefen. Diese

Erfahrung hat ihn tief geprägt. In seine nächsten Gründungen im Bereich Unternehmensberatung nahm er viele Learnings mit und noch mehr Fragen: Welche alternativen Handlungsszenarien hätten einen anderen Ausgang ermöglicht? Wie konnte es sein, dass Unternehmen mit dem Besten, was Management damals zu bieten hatte, erfolglos blieben? Tatsächlich hatte die platzende Internet-Bubble nicht nur Dotcom Unternehmen getroffen, sondern auch eine Reihe klassischer Brick-and-Mortar-Unternehmen.

Damals konnten wir, Freiland & Margetich, nicht ahnen, dass uns die Suche nach Antworten auf diese Fragen ein Leben lang nicht mehr loslassen, und dass sie uns – die wir unterschiedlicher kaum sein könnten – eines Tages zusammenbringen würde.

Warum wir an den Mittelstand glauben

Intuitiv gingen wir ähnliche Wege, jeder auf seine Weise. Der eine von uns, Kay Freiland, konzentrierte sich auf unternehmerische Fakten. Heute ist er spezialisiert darauf, Zahlen und Fakten nüchtern zu analysieren und daraus kreative Konzepte zu entwickeln. Der andere von uns, Jürgen Margetich, zog von Branche zu Branche, hat Unternehmen gegründet und groß gemacht, Projekte aufgebaut und vernetzt und ist zusätzlich in die Kommunalpolitik gegangen, um sich anzuschauen, wo und wie eigentlich die Rahmenbedingungen für mittelständische Unternehmen gebaut werden, und wer dabei welche Hebel drückt.

Dass wir beide für den Mittelstand so leidenschaftlich brennen, hat also mit unseren eigenen Geschichten zu tun. Deshalb sind wir im Elternhaus von Kay Freiland, auf dem Land, in der Zeit der Polaroid-Kameras, der 3er BMWs und ABBA-Schallplatten. Und deshalb haben wir von Jürgens Erfahrungen als Unternehmer in ganz unterschiedlichen Branchen berichtet. Wir sollten noch dazu sagen, dass auch Jürgen aus einer mittelständischen Unternehmerfamilie stammt.

Was unsere beiden Familien auszeichnete, auch wenn wir über 600 km entfernt voneinander aufgewachsen sind, war die besondere Haltung des Mittelständlers: Solidität, Augenmaß und Besonnenheit, Verantwortung für die Familie und die Region, auf ein durch und durch unternehmerisches und im positiven Sinne bürgerliches Selbstverständnis. Was sie (noch) nicht auszeichnete, war die Idee, sich innerhalb der Branche zu vernetzen, um das Maß der eigenen Autonomie zu erhöhen.

„Unser Credo: **Digitalisierung die sich lohnt – durch Smart Platform Companies.**"

OEM: Original Equipment Manufacturer
OEM: ist ein Hersteller fertiger Komponenten, die er produziert und nicht in den Handel bringt

Es klingt tatsächlich paradox: Autonomie durch Vernetzung. Doch wenn sich Mittelständler über Cluster, Pools oder Plattformen zusammenschließen, gewinnen sie Autonomie innerhalb der Lieferketten – und damit mehr Gestaltungsfreiheit, größere Verhandlungsspielräume und viel mehr unternehmerische Resilienz.

Auf dieser Überlegung gründet die Idee der „digitalen Wertschöpfungsnetze" als Alternative zu den klassischen Wertschöpfungsketten der OEM, in denen Mittelständler auf die Rolle des abhängigen Zulieferers fixiert bleiben. Diese Wertschöpfungsnetze sind gedacht als offene Netzwerke, in denen sich unterschiedliche Unternehmen, Start-ups und Experten aus allen Unternehmensbereichen zusammenschließen und auf Augenhöhe kooperieren. Durch die gemeinsame Nutzung komplementärer Ressourcen und Kompetenzen entstehen dann enorme Synergieeffekte. So die Idee.

In der Realität stehen Mittelständler vor einer komplexen und kostenintensiven Aufgabe. Denn um sich zu vernetzen, ist ein permanenter Datenaustausch unter den beteiligten Unternehmen notwendig. Dazu braucht es kompatible Systeme, es braucht Schnittstellen, es braucht virtuelle Plattformen, es braucht belastbare Rahmenvereinbarungen und Verträge. Nur auf dieser Basis lässt sich etwas gemeinsam produzieren, verkaufen und am Ende des Tages auch fair abrechnen. Die Öffnung der eigenen Unternehmensgrenzen ist mit hohen Risiken und noch größeren Unsicherheiten verbunden.

Was Mittelständler vor der Vernetzung mit anderen Mittelständlern zurückschrecken lässt, sind die hohen Kosten dieses Teils der Digitalisierung, die hohe Einbindung interner Zeitressourcen und nicht zuletzt rechtliche Probleme wie Datenschutz, IT-Sicherheit und Haftungsrisiken. Diese Risiken werden subjektiv höher eingeschätzt als die Chancen der höheren Durchsetzungsfähigkeit am Markt, die ein Netzwerk gegenüber einem Einzelkämpfer ermöglicht.

Unserer Einschätzung nach sind diese Unwägbarkeiten der Grund dafür, dass zwar zum Thema Wertschöpfungsnetze seit mindestens 20 Jahren geforscht wird, dass zwar immense staatliche Förderprojekte zu diesem Thema aufgelegt werden (Stichwort „Regionale Clusterpolitik"), dass zwar immer wieder vereinzelte Projekte in der Business-Landschaft auftauchen (Stichwort „B2B Sharing", also Business-to-Business-Sharing in Produktion, Logistik, Service), dass zwar einzelne, große Player eigene Netzwerke aufziehen (SAP Asset Intelligence Network, Bosch IoT Suite, Siemens Additive Manufacturing Network, Mercateo Unite), – aber auf der Ebene autonom agierender Mittelständler der große Durchbruch nicht stattfindet.

Digitalisierung muss sich lohnen

Die meisten Unternehmen stehen immer noch ganz am Anfang der digitale Transformation. Bisher wurde sich auf die Digitalisierung im Innen fokussiert. Wenn Prozesse oder Strukturen digital nachgebildet werden. Für die digitale Transformation ist der Wechsel in die Kundenperspektive jedoch entscheidend. Die Technik hat es möglich gemacht, dass die Musik oder das Video zum Nutzer kommt und so wurde es nicht mehr nötig in einen Musikgeschäft zufahren, um die neuste CD zu kaufen. Die großen Musikgeschäfte hätten auch dann nicht überlebt, hätte der Händler begonnen an der Effizienz zu feilen und mit einem Onlineauftrag die CDs innerhalb eines Tages zu verschicken. Die Digitalisierung im Innen – das Digitalisieren der Prozesse und Strukturen zur Optimierung der Effizienz bringt nicht mehr das notwendige Ergebnis. Es geht jetzt um Umsatzeffekte – um die Digitalisierung im Außen. Dafür braucht neue innovative Geschäftsmodelle und einen Nutzensprung für die Kunden – das ist Pionierarbeit für die Zukunft des Unternehmens.

Eine echte digitale Transformation entsteht ebendann aus dem Wunsch nach einer besseren Effektivität. Hinter jedem Technologiesprung steckt ein Nutzensprung für den Kunden – wir sprechen von Disruption. Geschäftsmodelle werden nicht nur digitalisiert, sondern auch komplett neu gedacht. Erst dann ist es eine echte Digitale Transformation. Die Chance der Technologie und der Digitalisierung nutzen und auf dieser Basis neue Ideen entwickeln: Unternehmen ist die Möglichkeit gegeben, auch über größere Distanzen eng zusammen zu arbeiten. Prozesse können firmenübergreifend abgebildet werden, ohne dass es zu Medienbrüchen kommt. Den Kunden können umfangreichere Produkte und Serviceleistungen zu günstigeren Preisen angeboten werden. Nutzenstiftende Lösungen lassen sich zumeist nur durch enge Kooperationen und offenes Interagieren realisieren. Allerdings ist dazu in klares Umdenken etablierter Ansätze erforderlich.

Das Gute, dafür gibt es eine konkrete Idee! Der Schlüssel ist die Vernetzung speziell für den Mittelstand sowie Unternehmen aus dem Automobil- und Maschinenbau. Netzwerke und Plattformen dienen der gemeinsamen Wertschöpfung – so genannte Wertschöpfungsnetzwerke oder wie wir es nennen Smart Platform Companies. Durch die gemeinsame Nutzung komplementärer Ressourcen und Kompetenzen entstehen enorme Synergieeffekte, innovative Geschäftsmodelle und ein höherer Kundennutzen.

Smart Platform Companies

Damit meinen wir: Mehrere Mittelständler gründen **gemeinsam eine Plattform** als eigenes Unternehmen, über das sie gemeinsam kuratierte Komponenten anbieten. Das können verschiedene technische Teile sein, die zusammen ein wertvolleres Ganzes ergeben – etwa ein komplexes Bauteil. Das können auch smarte Verbundlösungen aus Produkten und Services sein – etwa eine Heizungsanlage mit regelmäßiger Wartung. Das ermöglicht eine **hohe Agilität.**

Vernetzte Champions sind weitaus konkurrenzfähiger und sehr viel resilienter als Einzelkämpfer. Wie also lässt sich diese Vernetzung erreichen, ohne den Rattenschwanz an kaum zu lösenden Schnittstellenproblemen? Darüber haben wir lange nachgedacht, viele Gespräche mit Unternehmen, mit Wissenschaftlern und Beraterkolleginnen geführt – und wir haben einen anderen Weg gefunden:

Hohe Schlagkraft
Durch das gemeinsame Angebot eines integrierten, komplexen Bauteils entsteht eine vergleichsweise höhere Marktmacht, als wenn jedes Unternehmen das eigene Angebot einzeln verhandelt.

Geringes Risiko
Da gemeinsame Unternehmen quasi als Prototyp schnell und unkompliziert am Markt etabliert und Risiken in diesem Unternehmen ausgelagert werden können, bleiben die Mutterunternehmen im Falle eines Misserfolgs „unbeschädigt". Im Erfolgsfall kann das neue Unternehmen in bestehende Strukturen integriert oder als eigenständiges Unternehmen weitergeführt werden.

Klare Kundenzentrierung
Mit diesem Modell wird die im Mittelstand häufige Produktorientierung abgelöst durch eine konsequente Kundenorientierung. Zentrale Fragen sind: Mit welchen Lösungen aus fertig kuratierten Komponenten spart der Kunde Zeit, Kosten und Risiken – und gewinnt zusätzlich in Sachen Qualität, Innovation und Komfort?

Innovative Vermarktung
Immer mehr Kunden denken um – es geht Ihnen mehr um das „Nutzen" als um das „Besitzen". Für Unternehmen öffnen sich hier neue Vermarktungsmöglichkeiten via Abomodell (Products as a Service; Software as a Service). Verkauft werden Leistungen (Zeit, Output) statt Dinge. Damit rückt das absatzorientierte Power-Selling in den Hintergrund, stattdessen geht es um langfristige, vertrauensvolle Kundenbeziehungen.

Was wir mit diesem Buch erreichen wollen:

Mit diesem Buch möchten wir vor allem mittelständische Unternehmen und Unternehmer ermutigen, sich zusammenzuschließen, um ihre Schlagkraft am Markt zu erhöhen, ihre Zukunftsfähigkeit zu sichern und ein Höchstmaß an unternehmerischer Autonomie zu erreichen – und mehr noch: Resilienz. Schließlich geht es um das nächste, skalierbare Geschäft.

In **Teil I** skizzieren wir, warum sich der Mittelstand im Maschinenbau und in der Automobilindustrie derzeit massiv unter Druck gerät und untersuchen die dahinterstehenden Gründe – vor allem auch diejenigen, die nicht „Corona" heißen. Wir zeigen auf, warum nur oberflächlich verstandene Digitalisierungsprojekte am Kunden vorbei und auf keinen Fall in die Zukunft führen, wie die traditionelle Selbstgewissheit etlicher KMUs Innovation verhindert und warum es im Mittelstand eine neue, unternehmerische Haltung braucht.

Teil II zeigt Perspektiven für das eigene Comeback auf. Das Geheimnis des Erfolges liegt dabei in der Vernetzung mit Partnern zu neuen Geschäftsmodellen: Smart Platform Companies mit dreifachem Ziel: Zurück zum Kundenfokus („Strategische Disposition"), vorwärts zu neuen Geschäftsmodellen („Business Architektur") und weiter zum richtigen Rahmen für zukunftsweisende Partnerschaften zwischen Mittelständlern („Entity Design"). So entwickeln sich die derzeit am Abgrund lavierenden, ehemaligen Hidden Champion zu zukunftsfähigen Digital Champions.

In **Teil III** skizzieren wir den Blick aus der Zukunft zurück in die Gegenwart: Der Aufbau Ihrer Smart Platform Company ist gelungen, jetzt geht es um den nächsten Schritt: das Auskoppeln der gemeinsam als Testballon gegründeten Plattform und die Transformation dieser Plattform in ein unabhängiges Unternehmen, von dem alle Beteiligten profitieren („Value Merge").

Sie möchten Ihre eigenen Erfahrungen mit uns teilen und diskutieren?

**Sie haben Fragen oder Anregungen?
Schreiben Sie uns gerne unter:**

Kay Freiland
kf@digitalmissionpioneers.com

Jürgen Margetich
jma@digitalmissionpioneers.com

Kapitel 1.0

Hidden Champions unter Druck

Dass es schwarze Schwäne gibt? Wussten wir. Als dann wirklich ein solcher auftauchte, waren wir doch überrascht. Zwar ist Covid-19 nach der Definition von Nassim Nicholas Taleb (2007) kein richtiger schwarzer Schwan, aber dass ein Virus Millionen von Menschen rund um den gesamten Globus mit dem Erstickungstod bedroht, fühlt es sich fast als ein solcher an. Es ist März 2020: die Bänder stehen still, die Läden sind geschlossen, die ganze Welt sitzt unfreiwillig zu Hause, die vielleicht größte globale Rezession aller Zeiten steht vor der Tür.

Es ist der Moment, in dem der hiesige Mittelstand endlich auch nervös wird. Während man das Geschäftsklima in den Konzernen schon lange kritisch eingeschätzt hatte, hieß es in den kleinen und mittleren Unternehmen noch im Januar 2020 bei praktisch jeder Umfrage: Läuft. Läuft „gut". Läuft vielleicht nur „eher gut". Aber läuft. Bauchschmerzen bereiteten zwar der Fachkräftemangel, zwar auch der zunehmende Wettbewerb, aber man sah sich für die Zukunft gut aufgestellt: Umweltschutz, Energiewende, Wachstum, Digitalisierung. Läuft.

Kapitel 1.1

Ende des linearen Optimismus

Dass das eigene Geschäftsmodell schon morgen obsolet sein könnte, weil andere viel smarter, viel schneller, viel vernetzter und damit sehr viel kundenorientierter handeln, das wollte man lange nicht sehen, und man will es immer noch nicht sehen. Zukunftsforscher Matthias Horx hat dafür einen schönen Begriff entwickelt: „linearer Optimismus." Gemeint ist, dass Unternehmer ausschließlich in den Kategorien „immer mehr, immer schneller" gedacht haben und nicht zuletzt deshalb eine Menge Desaster in Kauf nahmen – Abgaskrise, Boeing-Abstürze –, was aber dem grassierenden Optimismus keinen Dämpfer versetzte. „Im Gegenteil", schreibt Horx. „Auf jeder Business-Veranstaltung, an der ich bis zur Coronakrise teilnahm, wurden immer sagenhafte kommende Erfolge gefeiert. Aber irgendwie war das ein Pfeifen im Wald." (Horx 2020, Kolumne 49)Und dann: Corona. Grenzen werden geschlossen, Unternehmen abgeschaltet, Lieferketten unterbrochen. Tausende von kleinen und mittleren Unternehmen schicken die komplette Belegschaft in Kurzarbeit, der Staat verteilt großzügige Hilfen. Im Frühsommer fährt die Wirtschaft langsam wieder hoch. Es ist eine andere Wirtschaft.

Das Virus wirkte als Brandbeschleuniger: Was schon zuvor nicht funktionierte, ging in die Knie. Was nicht mehr zeitgemäß schien – Stichwort Verbrennungsmotor – bekam keine Staatshilfen. Besonders hart traf es die Unternehmen aus dem Metall-, Maschinen- und Automobilbau, aus dem Dienstleistungsgewerbe und im Einzelhandel. Also die Unternehmen, die schon zuvor mit sinkenden Auftragszahlen zu kämpfen hatten, mit Rezession, mit Produktionsrückgängen.

Was jetzt kommt? Die einen rechnen mit einem Digitalisierungsschub, mit einer grundlegenden Erneuerung von Wirtschaft, Gesellschaft, Umwelt. Kamen wir im Corona-Modus nicht mit deutlich weniger Konsum zurecht, mit weniger Reisen – und erlebten wir nicht sogar das befreiende Gefühl des „Verzichtsvorteils"? (Horx 2020, Kolumne 56) War nicht das Wasser in Venedigs Kanälen kristallklar, tummelten sich nicht Delfine in den Hafenbecken, weil endlich Schluss war mit Schiffsmotorenlärm und aufgewirbelten Sedimenten? Für die einen zeigen die Lockdown-Erfahrungen, dass eine lebenswertere Welt möglich ist – und zwar hier, heute, jetzt.

Die anderen sehen schwarz. Euler Hermes, ein Kreditversicherer, prognostiziert eine um 20 Prozent steigende Zahl der Insolvenzen hierzulande, in China möglicherweise 15 und in den USA sogar 25 Prozent. Weltwirtschaft, Produktivität, Konsumklima… die Liste der dunklen Zahlen ließe sich endlos fortschreiben. Nur: So etwas wie diese Pandemie hat die Welt noch nie erlebt, niemand kann sinnvoll sagen, wie sie sich auswirken wird. Schauen wir statt auf Spekulationen lieber auf die von der DZ Bank im Mittelstand aktuell erhobenen Fakten:

3/4
ermöglichten ihren Mitarbeitern Homeoffice.

63 %
behalfen sich pragmatisch mit dem Abbau von Überstunden oder Betriebsurlaub.

12 %
haben ihr Geschäftsmodell während des Shutdowns neu ausgerichtet, hier vor allem kleinere, flexiblere Unternehmen mit einem Jahresumsatz unter 5 Millionen €.
(Frühauf 2020)

"Never waste a good crisis."

Winston Churchill

Es geht also. Trotz allem. Für Stephan Stubner, Rektor der HHL Leipzig Graduate School of Management, zeigt die aktuelle Coronakrise, dass Führungskräfte mehr denn je souverän mit radikalen Veränderungen umgehen können müssen: „Wir treten in eine Umwelt, die noch viel volatiler, unsicherer, komplexer und mehrdeutiger ist als früher", sagt der Wirtschaftswissenschaftler. Dies gelte für eine Pandemie ebenso wie für die Umwälzungen durch die Digitalisierung (Demmer 2020). Winston Churchill hat dieses Prinzip so umschrieben: „Never waste a good crisis."

Trotz allem: KMU haben großes Potenzial

Dass die Wirtschaft wieder anspringt und die nächste Wachstumsphase kommt, ist Experten zu Folge nur eine Frage der Zeit. Zeit, die sich zur Neuausrichtung nutzen lässt, sagte McKinsey-Deutschlandchef Cornelius Baur gegenüber dem Handelsblatt. „Wer sich radikal auf die Krise einstellt, ist auch besser für die Zeit danach gerüstet." (Fröndhoff 2020)

Was das konkret bedeutet, hat die Boston Consulting Group untersucht. Sie nahm Unternehmen unter die Lupe, die die Finanzkrise 2009 überlebt hatten und schnell wieder auf die Beine kamen. Was diese Firmen richtig machten: Liquiditätssicherung, Beziehungspflege mit den wichtigsten Lieferanten und Kunden, radikaler Abschnitt „alter Zöpfe" in der Organisation und in der Strategie. Was sich so interpretieren lässt: Wenn sich der Mittelstand auf das besinnt, was ihn ausmacht – Regionalität, Verlässlichkeit, Pragmatismus – stehen die Chancen gut. Sogar sehr gut.

Der Mittelstand war und ist für die deutsche Wirtschaft das Rückgrat und der Erfolgsgarant, der Jobmotor und der wichtigste Ausbilder. Er war und ist für das Wachstum und den Wohlstand der deutschen Volkswirtschaft entscheidend. Es gibt in Deutschland knapp 2,5 Millionen (!) kleine und mittlere Unternehmen (KMU) – dazu zählen kleine Handwerksbetriebe, genauso wie selbstständige oder traditionsreiche Familienunternehmen. Mehr als 99 Prozent der Unternehmen in Deutschland sind mittelständische Unternehmen. Davon machen 86 Prozent weniger als 1 Millionen Umsatz pro Jahr, etwa 12 Prozent erwirtschaften zwischen einer und zehn Millionen Euro Jahresumsatz. Genau hier liegt genau jetzt ein ungeheures Potenzial.

Zu jeder ökonomischen Entwicklung gehört „schöpferische Zerstörung". Diesen Begriff verdanken wir dem österreichischen Nationalökonomen Joseph Schumpeter. Krisen sah er nicht als Fehlentwicklungen, sondern als Geburtsstunde für Innovationen von Produkten, für Neuordnungen von wirtschaftlichen Verfahren, Strukturen und Systemen. Nach einer Krise fällt die Erneuerung deutlich leichter, da alles Bestehende durcheinander gewürfelt wurde – zumindest das, was sich als nicht krisenfest genug erwiesen hat. In dieser Phase fällt es leichter, das Traditionelle anzugreifen und in Frage stellen, die Argumente für einen Neuanfang sind ausreichend vorhanden. Jetzt braucht es einen klaren Blick, um Perspektiven für die Zukunft zu entwickeln. Und es braucht auch den Mut, die Vergangenheit für einen Augenblick auszublenden.

Jede Krise ist ein Anfang

Der Pandemie-Lockdown hat Entwicklungen ermöglicht, die niemand für möglich gehalten hatte: Homeoffice ohne wochenlange Vorbereitung durch IT-Abteilungen und Datenschützer, Neuorganisation abgerissener Lieferketten, improvisierte Produktion von medizinischen Bauteilen und kompletten Geräten, von Atemschutzmasken und Schutzkleidung. Homeschooling ohne gesetzliche Grundlage, ohne abgestimmte Lehrpläne, ohne Lerntools. Abhängigkeiten (Pharma aus Fernost), Missstände (Fleischindustrie in Europa) und Ungerechtigkeiten (unterbezahlte Pfleger, Kassiererinnen, Lieferboten) traten grell hervor; und es zeigte sich, welche Kreativität die erzwungene Autonomie freisetzt.

So ging manches schief, vieles funktionierte trotz allem, vor allem aber zeigte der Krisenmodus selbst den größten Skeptikern, was möglich ist – wenn man nur will: Über Nacht wurde die überbordende Bürokratie im Management zurückgestutzt, das Primat des ingenieurhaften Bedenkenträgertums überwunden und es wurde gehandelt. Der Fachbegriff dazu: Effectuation. Und es hat funktioniert. Sogar erstaunlich gut. Offenbar haben wir als Wirtschaftskultur diesen Stachel des Ansporns als Stimulus gebraucht, um aus dem warmen und weichspülenden Solebad der alten Gewohnheiten auszusteigen. In heimischen Unternehmen konnte so erstmals das erlebt werden, was den Erfolg des Silicon Valley ausmacht: Aus Business Administration wurde Business Impact. Wirkung durch Handeln.

Stephen Hawking hatte einmal gesagt: „Intelligenz ist die Fähigkeit, sich an den Wandel anzupassen." Anpassung ist die entscheidende Fähigkeit und ausschlaggebender Faktor in fast jeder Geschichte eines erfolgreichen Unternehmens und seiner digitalen Entwicklung. Der Wandel ist unvermeidlich und ebenso die Transformation, die erforderlich ist, um diesem Wandel gerecht zu werden. Erfolgsentscheidend sind hier die unternehmerische Haltung und das unternehmerische Selbstverständnis: Eine Krise ist nie das Ende, sondern immer ein Neuanfang.

Mit dieser Haltung ändert sich die Perspektive vom Passiven ins Aktive. „In den Netzwerktreffen und Gesprächen sieht man jetzt deutlich, wer Unternehmer ist", sagte uns kürzlich ein befreundeter Unternehmer. „Echte Unternehmer klagen nicht und warten nicht auf Hilfen. Sie handeln, gründen, bauen um und investieren in der einen oder anderen Form." Und das inmitten der Krise, als noch kein Ende der Einschränkungen in Sicht war.

Im März 2020 hat uns eine Pandemie gezeigt, wie schnell und grundlegend wir **alles** ändern können. Wenn wir wollen. Und eben dieses Wollen, eröffnet sich für den Mittelstand genau jetzt und gibt Ansatzpunkte, um das eigene Geschäft neu zu denken. **Wir sehen vier zentrale Themen:**

Der Kunde will heute nicht mehr alles besitzen, was er braucht, er möchte es lediglich dann nutzen, wenn er es braucht. Das erfordert ein radikales Umdenken: Nutzenorientierung statt Produktorientierung. Und langfristige Kundenbindung statt kurzfristige Absatzperspektive. Und das gilt zunehmend auch im B2B Geschäft (also Business to Business).

1 Strategische Disposition:
Vom Produkt zum Nutzen

2 Business Architektur: Geschäftsmodelle neu denken

Wer erfolgreich wirtschaften will, muss das Rad nicht neu erfinden. Er muss nur entdecken, wo ungenutzte Räder liegen und diese sinnvoll zu etwas Neuem verbinden. Auch das erfordert radikales Umdenken: Innovationen passieren dann, wenn sich mehrere Unternehmen verbinden – und jeder sein Rad mitbringt. So geht innovatives Gründen aus bestehenden Komponenten.

3 Entity Design: Den richtigen Rahmen setzen

Jedes gemeinsame Spiel braucht gemeinsame Regeln und eine gemeinsame Haltung. Und Rahmenbedingungen, in denen Partner gemeinsam produktiv werden können. Auch hier gilt es, umzudenken: Statt verschiedene, komplexe Riesensysteme aufwändig zu integrieren, kann man auch einen gemeinsamen Testballon steigen lassen – zum Beispiel mit der Gründung einer gemeinsamen Plattform Gesellschaft.

Entwickelt sich die gemeinsame Plattform Gesellschaft erfolgreich, öffnen sich mehrere Möglichkeiten: Die Gesellschaft lässt sich eigenständig weiterführen, sie kann mit einem Stammunternehmen verschmolzen oder zu einem neuen Stammunternehmen weiterentwickelt werden. Mit messbarem Mehrwert für den Kunden, mit einem Zuwachs an Resilienz für das Unternehmen und mit einem Plus an Leidenschaft und Erfolg für die beteiligten Unternehmer.

4 Value Merge: Gemeinsam Werte schöpfen

Kapitel 1.2

Digitale Transformation:

Warum der Mittelstand seine Kunden vergessen hat. Und wie er sie wiederfindet.

Wer in Deutschland und Österreich „Mittelstand" sagt, meint vor allem den in enger Verbindung zu Automotive stehenden Maschinenbau – und damit eine verwöhnte Branche. Fast zehn Jahre lang war der Automobilmarkt ohne Unterbrechung gewachsen. Die Unternehmen schrieben Rekordgewinne und stellten immer mehr Mitarbeiter ein. Aktien von Zulieferern galten als Wachstumswerte und sichere Dividendentitel. Dass sich diese Tatsachen so rasant ändern und die Zukunft der Autohersteller zu einem Problem der deutschen Volkswirtschaft werden sollten, schien unvorstellbar. Corona war ein Brandbeschleuniger für den historischen Umbruch, in dem sich die Automobilbranche ohnehin befand. Und dieser Umbruch hat nicht in erster Linie mit technischen Entwicklungen oder disruptiven Geschäftspraktiken zu tun, sondern mit radikal geänderten Kundenwünschen:

- **Flexible Mobilität:** Autos nutzen statt Autos besitzen.

- **Verbesserter Klimaschutz:** Alternative Antriebe statt Verbrenner.

- **Information, Unterhaltung, Kommunikation:** Vernetzung mit dem eignen Smartphone.

- Und: Der Wunsch nach mehr Freiheit vom Lenkrad – durch **autonomes Fahren**.

Dies alles, gepaart mit der weltweiten Überproduktion, stellt die Unternehmen vor gewaltige Herausforderungen. Nicht wenige Unternehmen werden diese Herausforderungen nicht aus eigener Kraft stemmen können, viele werden schließen müssen, vor allem im Maschinenbau.

Mit über einer Million Beschäftigten und einem Jahresumsatz von mehr als 200 Milliarden Euro ist der Maschinenbau Deutschlands wichtigste Branche. Die Automobilbranche zählt mit einem Anteil von rund 30 Prozent zu den wichtigsten Kunden der Maschinenbauer. Verändert sich Automotive, schlägt diese Veränderung sofort auf die Maschinenbaubranche durch. Genau das passiert aktuell: Immer mehr Geschäftsmodelle lassen sich nicht mehr sinnvoll refinanzieren. Die Auswirkungen schlagen sich auch in der Kreditwürdigkeit der Unternehmen nieder. Firmen mit geringer und sinkender Kreditwürdigkeit sieht Moodys vor allem in der Chemie, der verarbeitenden Industrie und der Automobilbranche. Derzeit trifft es nicht mehr nur kleine Player, sondern auch große Marken.

Harmann: Unter Kostendruck
Harmann ist weltweit in den Bereichen vernetzte Fahrzeugtechnik, Lifestyle-Audio-Innovationen, professionelle Audio- und Lichtlösungen, sowie Design und Analytik tätig. Der Zulieferer will die Entwicklungskapazitäten künftig in globalen Zentren bündeln. Die Produktion am deutschen Standort Straubing wird schrittweise eingestellt, um das Werk anschließend zu schließen. Insgesamt werden bei Harman wohl etwa 710 Stamm- und 45 Zeitarbeitsnehmer ihren Arbeitsplatz verlieren. „Das herausfordernde Marktumfeld hat in den vergangenen Jahren zu einem enormen Kostendruck auf die Automobilzulieferer geführt. Der Kostendruck der Hersteller wird vor allem an die Zulieferindustrie weitergegeben", erklärt John Stacey, globaler Personalvorstand von Harman, die Entscheidung gegenüber der Plattform automobil-produktion.de (Pertschy 2020).

Es fehlt also Umsatz, es fehlt Geld. Dabei ist jetzt der Zeitpunkt für Unternehmen eigentlich günstig, um Transformationsprojekte anzustoßen: Die aktuelle Nullzinspolitik kann jetzt genutzt werden, um wichtige Investitionen für die Wettbewerbsfähigkeit zu tätigen. Weil laut KfW Research (Dosier: „Mittelstand ist der Motor der deutschen Wirtschaft") seit 2002 die durchschnittliche Eigenkapitalquote im Mittelstand um fast 13 Prozentpunkte gestiegen ist, sind gute Möglichkeiten zur Eigenfinanzierung eigentlich gegeben, und zudem eine Basis, auf der jetzt einfach Fremdkapital beschafft werden könnte.

Der Markt verändert sich mit Wucht – entsprechend tiefgreifend müssen sich Unternehmen transformieren. Ja: Die Kosten für die Digitalisierung sind hoch. Steht der komplette Strukturwandel eines Unternehmens an, sind die Kosten noch um ein Vielfaches höher – doch wer rechtzeitig klug handelt, schafft die Transformation:

ElringKlinger: Investieren, so lange das Geschäft gut läuft
Der Mittelständler „ElringKlinger" hat sich schon frühzeitig Gedanken über Zeiten gemacht, in denen es keine Verbrenner mehr gibt – und damit auch keinen Bedarf mehr für Zylinderkopfdichtungen. Das Unternehmen baut jetzt schon Batteriesysteme, sowie einzelne Komponenten, die Batteriezellen für Elektromotoren verbinden. Vorstand Stefan Wolf will künftig auch Produktionsanlagen zur Fertigung von Brennstoffzellen und für Komponenten von Batterien herstellen. In den nächsten Jahren hofft das Unternehmen auf einen kräftigen Schub durch das wachsende Elektroauto-Geschäft. Bislang ist der Umsatzbeitrag noch gering, aber die Chancen in diesem künftigen Bereich stehen gut, so Vorstandschef Wolf. Er sagt, wer in der aktuellen Zeit die Gewinne aus dem auslaufenden Geschäft mit Verbrennungsmotoren klug investiere der habe gute Chancen im Elektrozeitalter. (Sommer 2019)

Rechtzeitig umsteuern aus eigener Kraft, das ist der richtige, erste Schritt. Um jetzt nicht in eine Abwärtsspirale zu gelangen, dürfen die Unternehmen auch in Europa trotz schlechter Zahlen nicht weniger in die Zukunft investieren – und den Markt sehr genau beobachten. Das heißt nicht zuletzt: den Kunden mit seinen Ideen und Wünschen, Gewohnheiten und Bedürfnissen.

Die Digitale Transformation ist für den Mittelstand in Deutschland und Österreich ein überaus herausforderndes Thema. Zumeist wird es nur aus der technischen Perspektive betrachtet. Lassen Sie uns an dieser Stelle schauen, warum Digitalisierung nur dann gelingen kann, wenn der Mittelstand sich nicht mehr hauptsächlich um die eigenen Kosten und Strukturen dreht, sondern um den, der Geschäfte erst möglich macht: den Kunden. Im Folgenden geht es uns um folgende fünf Punkte:

- **Disruption:** Hinter jedem Technologiesprung steckt ein Nutzensprung für den Kunden.

- **Digitale Transformation:** Warum wir Geschäftsmodelle nicht nur digitalisieren, sondern komplett neu denken müssen.

- **Frühere Fehlversuche:** Warum Unternehmen aus früheren SAP-Problemen keine Schlüsse auf aktuelle Vernetzungsaufgaben ziehen können – und auch nicht sollten.

- **Komplexität und Unübersichtlichkeit:** Wie es gelingen kann, mit Komplexität zu arbeiten – statt dagegen.

- **Umsetzungskompetenz:** Warum ein CDO die falsche Antwort auf eine richtige Frage ist.

Disruption:
Weil es der Kunde so will

Die Vergangenheit hat gezeigt, dass es Technologiesprünge sind, die disruptive Angriffe neuer Player auf alte Geschäftsmodelle erst möglich machen. In den 1990er-Jahren vollzog sich beispielsweise der Wandel von der Filmkamera zur Digitalkamera rapide. Herstellern klassischer Fotoapparate blieb nichts anderes übrig, als neue Technologien für ihre Produkte nutzen. Ebenso durchliefen Filmentwickler einen radikalen Wandel: von der Entwicklung einzelner „Abzüge" zum Druck ganzer Fotoalben aus Digitalfotos. Was die Entwicklung antrieb: radikal reduzierte Kosten für den Endkunden und sofort sichtbare Ergebnisse.

Aktuell revolutioniert der 3-D-Druck Teile der Industrie: Was vor Kurzem noch mit Dreh- und Fräsmaschinen gefertigt wurde, lässt sich nun schichtweise ausdrucken. Die Fertigung per Druck ist zwar noch zeitaufwendig und die Qualität der hergestellten Teile hat Potenzial nach oben. Doch in einigen Nischen entwickelt sich die Anwendung bereits sehr erfolgreich, etwa in der Medizin, in der industriellen Teilefertigung oder beim Hausbau. Was hier die Entwicklung antreibt: Wieder radikal reduzierte Kosten für den Endkunden und sofort brauchbare Ergebnisse.

Technikschübe haben den Markt immer schon verändert und traditionelle Geschäftsmodelle innerhalb kurzer Zeit obsolet werden lassen. Heute jedoch werden innovative Produkte immer schneller entwickelt und haben einen immer höheren Einfluss am Markt – sie sind somit „disruptiv", rütteln Konzerne und sogar ganze Branchen durch. Wenn Unternehmen in Reaktion darauf ihre Forschungs- und Entwicklungsausgaben kontinuierlich erhöhen, steigt die Frequenz derartiger Technologiesprünge noch weiter an. Wichtig: Treiber dieser Entwicklung ist niemals „die Technik", sondern der konkrete Kundennutzen. So auch in der Automotive-Branche.

Automotive beschleunigt weiter

In der Automobilindustrie glaubte man lange Zeit an einen „Sieben-Jahres-Rhythmus". Jedoch hat sich dieser Rhythmus deutlich verkürzt. Schon auf dem Genfer Automobilsalon im März 2014 konstatierte VW-Geschäftsführer Martin Winterkorn: „Die Wünsche an das eigene Automobil verändern sich immer schneller." Junge Kunden erwarteten heute viel mehr Abwechslung. Autos, die sich den Veränderungen in ihrem Leben schneller anpassen. „Dies zwingt uns dazu", so Winterkorn, darüber nachzudenken, ob die üblichen Modellzyklen von sieben Jahren nicht deutlich kürzer werden müssen". (dpa 2014) Daraufhin überführte er seine Gedanken in die Konzernstrategie, und Volkswagen reduzierte die Lebensspanne seiner Modelle von sieben auf fünf Jahre. Die Automobilhersteller arbeiten seitdem daran, diesen Rhythmus weiter zu reduzieren – im Corona-Jahr 2020 liegt dieser Rhythmus bei weniger als drei Jahren. Die Erfüllung der anspruchsvollen Tempovorgabe ist zeitgleich sehr viel schwieriger geworden: Der Dieselskandal zeigte mehr als deutlich, dass sich ehrgeizige Ziele nicht mit illegalen, technischen Tricks erreichen lassen. Umfassende Nachhaltigkeit gilt heute als Grundvoraussetzung und Bedingung, die unumstößlich zu erfüllen ist.

Der Veränderungsdruck kommt also einerseits von den Kunden, die Unternehmen mit ihren Kaufentscheidungen zum Handeln zwingen. Andererseits befeuern die technologischen Fortschritte die Ansprüche der Kunden. Und das gilt nicht nur für die Produkte des eigenen Unternehmens, sondern auch für die

Produkte der Konkurrenz. Dank Internet hat sich der Zugang der Verbraucher zu Informationen drastisch vereinfacht. Alles, was Kunden wissen wollen, ist direkt verfügbar. Dieser grenzenlose Zugang schafft hohe Erwartungen an die Unternehmen – und befeuert die neue VUCA Welt. Eine Welt, in der „Volatilität, Unsicherheit, Komplexität und Ambiguität" die Geschicke der Unternehmen bestimmen, und die angetrieben wird von den weltweiten Beschleunigungseffekten der Digitalisierung, Vernetzung und Automatisierung.

Deutsche KMU fallen zurück

In dieser Welt fällt Deutschland immer weiter zurück: Zwölf Prozent der deutschen Unternehmen sehen sich durch die Digitalisierung derzeit in ihrer Existenz bedroht, 37 Prozent haben nach eigenem Bekunden Probleme, die Digitalisierung zu bewältigen und nur jedes fünfte Unternehmen investiert aktuell überhaupt in die Digitalisierung seines Geschäftsmodells. Fragt man nach, weshalb man sich an der Unternehmensspitze so wenig um den Einsatz neuer Technologien kümmert, so sagen derzeit 37 Prozent der Manager: „Ich habe keine Zeit." (Bitkom Digitalstrategie 2025) Eine deutliche Mehrheit (58 Prozent) der Geschäftsführer und Vorstände gibt offen zu, dass das eigene Unternehmen bei der Digitalisierung „ein Nachzügler" sei. 3 Prozent meinen sogar, den Anschluss verpasst zu haben. Nur rund jedes dritte Unternehmen (36 Prozent) hält sich für einen Digitalisierungsvorreiter. Das ist das Ergebnis einer repräsentativen Umfrage unter 502 Unternehmen ab 20 Mitarbeitern im Auftrag des Digitalverbands. (Streim 2020)

Dabei gilt: Je größer die Unternehmen, desto eher sehen sie sich bei der Digitalisierung vorne. Von den Unternehmen mit 20 bis 99 Mitarbeitern sagen 34 Prozent, sie seien Vorreiter, bei jenen mit 100 bis 499 Mitarbeitern sind es schon 38 Prozent. Von den Unternehmen mit 500 bis 1.999 Mitarbeitern hält sich nahezu jedes zweite (47 Prozent) für einen Digitalisierungsvorreiter und bei jenen mit 2.000 oder mehr Mitarbeitern steigt der Wert sogar auf 71 Prozent. „Der innovative Mittelstand hat über Jahrzehnte die deutsche Wirtschaft geprägt und maßgeblichen Anteil an Wachstum und Wohlstand. Erfolg ist aber kein Naturgesetz, künftig funktioniert er nur noch digital", sagt Bitkom-Präsident Achim Berg. (Streim 2020) Das System Deutschland brauche kein Update, es brauche einen Restart. (Zacharias 2020) Leider sieht es derzeit nicht wirklich nach Restart aus:

Aktuell gibt nur rund jedes dritte Unternehmen (38 Prozent) an, über eine zentrale Digitalstrategie für das gesamte Unternehmen zu verfügen. Fast genauso viele (37 Prozent) haben zumindest in einzelnen Unternehmensbereichen entsprechende Strategien entwickelt – aber rund jedes vierte Unternehmen (23 Prozent) verzichtet weiterhin vollständig auf eine Digitalstrategie. (Streim 2020)

„Es gilt die Verluste der Vergangenheit zu realisieren, nicht fortzuführen."

Auch hier zeigt sich ein deutlicher Unterschied nach Unternehmensgrößen: Während kein Unternehmen mit mehr als 2.000 Mitarbeitern angibt, auf eine Digitalstrategie zu verzichten, sind es bei den Unternehmen mit 100 bis 499 bzw. 500 bis 1.999 Mitarbeitern jeweils 8 Prozent. Unter den kleineren Unternehmen zwischen 20 und 99 Mitarbeitern hat mehr als jedes Vierte (28 Prozent) keine Strategie als Antwort auf den digitalen Wandel entwickelt. „Analog fahren heißt auf Sicht fahren, und das wird nicht mehr genügen", so Berg. „Unternehmer und Manager müssen ihre Geschäftsmodelle quer durch alle Branchen und Größenordnungen noch konsequenter digitalisieren." (Streim 2020) Es herrscht offensichtlich Handlungsdruck.

Und doch ist für viele Firmen der Handlungsdruck noch nicht einmal spürbar. Programme zur Transformation, die den Weg in die digitale Welt ebnen, sind rar. In den Unternehmen laufen bisher nur rund 20 Prozent der Prozesse von Anfang bis Ende digital ab; das melden die Unternehmen in einer Studie des Softwareherstellers Easy und der Beratungsgesellschaft KPMG (Easy Software/KPMG 2019). In den nächsten zwei Jahren soll dieser Anteil laut Erhebung auf immerhin gut ein Drittel steigen. Im Fokus steht für viele erst einmal die digitale Optimierung aktueller Strukturen, noch nicht jedoch eine ganzheitliche Transformation. Die Übertragung von Rechnungen per Internet, eine recht banale Form der Digitalisierung, ist immerhin akzeptiert. Allerdings werden smarte Software-Lösungen zur Überwachung von Maschinen oder RFID-Chips bei der Warenerfassung bisher erst wenig eingesetzt. Der radikale Wechsel in die Kundenperspektive gelingt den meisten nicht.

Digitale Transformation wird erst dann zur echten Disruption, wenn der Kunde profitiert.

Digitale Transformation: Das Geschäft neu denken – für den Kunden

Viele Initiativen zur digitalen Transformation sehen von außen betrachtet zwar so aus, sind bei näherer Betrachtung aber eigentlich keine: die Eröffnung eines Innovationszentrums zum Beispiel, die Durchführung von Design Thinking-Workshops, die Veröffentlichung einer neuen App oder einer neuen sprachgesteuerten Schnittstelle. Auch die digitale Abbildung bestehender Prozesse ist zwar sinnvoll und notwendig, sie ist aber etwas grundsätzlich anderes als eine digitale Transformation. Wo liegt der entscheidende Unterschied?

Wird in einem Unternehmen der Auftragsprozess von der Bestellung über die Bezahlung bis zur ordnungsgemäßen Verbuchung im Warenwirtschaftssystem digitalisiert, so wird der gesamte Prozess durch Software systemgestützt automatisiert. Diese Umstellung auf einen systemgestützten Prozess zielt in erster Linie auf Effizienz. Das ist ein Schritt in Richtung Digitalisierung und schafft Nutzen durch eine schnellere Bearbeitung von Aufträgen. Es geht um Nutzen für das Unternehmen.

MyTaxi und BetterTaxi: Digitalisierung heißt bessere Taxis
Die am Markt noch recht jungen Unternehmen MyTaxi oder BetterTaxi haben die herkömmlichen Dienste einer Taxizentrale digitalisiert und diese um einige Features, wie der Bewertung von Fahrern oder des direkten Bezahlens erweitert. Der eigentliche Dienst einer ursprünglichen Vermittlungsstelle wird nicht infrage gestellt.

Eine echte digitale Transformation hingegen entsteht aus dem Wunsch nach einer besseren Effektivität. Diese Optimierung wird auf der strukturellen Ebene initiiert, an deren unterer Ebene digitale Prozesse stehen. Prof. August-Wilhelm Scheer, der sich seit Jahrzehnten mit Prozessoptimierung befasst, erklärte auf der diesjährigen Hannover Messe Industrie (HMI): „Der viel umfänglicheren und durch disruptive Veränderungen geprägten digitalen Transformation eines Unternehmens liegen strategische Überlegungen zugrunde. Moderne Technologie ist nur der Enabler." (Staudt 2019) Es gehe bei digitaler Transformation also nicht nur um die Frage, ob sich ein Prozess automatisieren läßt. Vielmehr geht es darum, ob dieser Prozess überhaupt noch sinnvoll ist oder ob man ihn nicht ganz neu aufsetzen sollte – um mehr Nutzen für den Kunden zu schaffen. Diese Frage ist zentral. Und doch wird sie so gut wie nie ernsthaft gestellt.

Uber und Airbnb: Digitale Transformation heißt anders gedachte Taxis
Das Unternehmen Uber beispielsweise vermittelt derzeit in 70 Ländern Mitfahrgelegenheiten von Privatleuten und hebelt damit das Taxigewerbe aus. Es fußt auf dem Null-Grenzkostenprinzip, wie es der Zukunftsforscher Jeremy Rifkin beschreibt (vgl. Rifkin, J., 2014). Damit wird ein disruptiver Ansatz verfolgt. Ähnlich greift das amerikanische Unternehmen Airbnb mit der Vermittlung von Privatzimmern das traditionelle Hotelgewerbe an, während der Internetdienst TRIVAGO lediglich die Vermittlung von Hotelzimmern digitalisiert. Der Kunde profitiert jeweils doppelt: Als Nutzer profitiert er von günstigeren Preisen und einer größeren Angebotsvielfalt, dazu kommt die Möglichkeit, jederzeit selbst als Anbieter mit in das Geschäftsmodell einzusteigen.

Wir betonen es noch einmal: Digitalisierung und digitale Transformation sind grundverschieden. Und hier wird viel falsch gemacht oder nicht zu Ende gedacht. Zu beobachten ist, dass derzeit alte analoge Prozesse einfach digital nachgebildet und digitale Prozesse neben analoge gestellt werden. Es wird eine Parallelität erzeugt, die zwar irgendetwas mit Digitalisierung zu tun hat, aber nicht viel mit der Transformation, und dazu unnötige Kosten mit Effizienzverlusten produziert.

Häufiger Fehler:
Prozesse virtuell nachbauen – und am Kunden vorbei

Dass dieser Strategiefehler so oft passiert, hat etwas mit dem typischen Ablauf der Digitalisierung zu tun. Zuerst werden physische Objekte und Prozesse mit dem Internet verbunden, beispielsweise durch Sensorik, Mobilfunk und Datenschnittstellen. Dazu werden Software und Hardware mithilfe von analogen und digitalen Technologien zusammengebracht. So wird ein zunehmend besseres digitales Abbild der physischen Welt erschaffen. Wenn im nächsten Schritt der Rückkanal aktiviert wird, kann das digitale Abbild mit dem physischen Objekt verglichen werden, um so den aktuellen Stand bei Bedarf zu verändern. Zum Beispiel verändert eine neu berechnete Wetterprognose die Preisschilder verderblicher Waren im Supermarkt automatisch, während der Kunde noch davorsteht. Daten sind hier der Treiber der Digitalisierung, und eine „Datifizierung" bereitet diesem Prozess den Boden. Dieser Prozess ist nichts weniger als eine Revolution (vgl. Noller 2020).

Als die erste industrielle Revolution vor etwa 200 Jahren ihren Anfang nahm, führte eine stark beschleunigte Entwicklung von Technik, Produktivität und Wissenschaften uns in schnellen Schritten von der Agrar- zur heutigen Industriegesellschaft. Eine massive Mechanisierung und der intensive Einsatz von Elektrizität ermöglichten damals erstmals die Massenproduktion von Gütern. Die Kernidee der Massenproduktion bestand darin, die wirtschaftliche Produktivität zu maximieren, indem Arbeit in großen Betriebseinheiten effizienter organisiert und menschliche Arbeit durch Maschinen ersetzt wurde. Eine effiziente Arbeitsorganisation wurde erreicht, indem man den ursprünglich ganzheitlichen Arbeitsablauf in kleine, gleichförmige Einheiten unterteilte, standardisierte und weitgehend automatisierte. Mitarbeiter wurden dort entsprechend ihren Qualifikationen und Fähigkeiten eingesetzt und ermöglichten dadurch einen deutlich höheren Arbeitsoutput. Und für den Endkunden: eine nie gekannte Vielfalt von Waren zu erschwinglichen Preisen.

In vergleichbarer Art und Weise schafft die Digitalisierung eine Revolution in der Zusammenarbeit – nur diesmal nicht in der Zusammenarbeit von Menschen und Maschinen, sondern in der Zusammenarbeit der Unternehmen untereinander. Die Digitalisierung bietet Unternehmen nun die Möglichkeit, auch über größere Distanzen eng zusammen zu arbeiten. Prozesse können firmenübergreifend abgebildet werden, ohne dass es zu Medienbrüchen kommt. Vorteil für den Kunden: Eine noch größere Vielfalt von Produkten und Services zu immer noch günstigeren Preisen.

Erst eine richtig verstandene Digitalisierung ermöglicht existenziell wichtige Zukunftsperspektiven. So sind intelligent eingesetzte digitale Technologien die Basis von Energie- und Verkehrswende, sorgen für mehr Sicherheit zu Hause und im öffentlichen Raum. Sie ermöglichen der wachsenden Gruppe älterer Menschen ein längeres, selbstbestimmtes Leben in den eigenen vier Wänden. Kurzum: Digitalisierung ist die Grundlage für Erhalt und Steigerung unserer wirtschaftlichen Wettbewerbsfähigkeit, für den Schutz unserer natürlichen Umwelt und die Bekämpfung des Klimawandels, den Zusammenhalt unserer Gesellschaft und für die Leistungsfähigkeit unseres Staates und immer wieder neue Dimensionen von Kundennutzen. „Die Digitalisierung ist kein nettes Extra und kein Nice-to-have – sie ist das größte Wohlstandsversprechen seit der Industrialisierung", formuliert der Bitkom im Rahmen seiner „Digitalstrategie 2025" unter der Überschrift „Last Call Germany" (2025 Digital.de). Das ist gewissermaßen die „helle Seite der Macht". Es gibt auch eine dunkle:

Die dunkle Seite der Digitalisierung

„Die Digitalisierung ist wie ein wildgewordener Elefant im Porzellanladen", formuliert zum Beispiel Handelsblatt-Journalist Roman Tyborski. „Sie marschiert unaufhaltsam durch die Gesellschaft und zerstört auf ihrem Weg alles Altbekannte." (Tyborski 2019) Nun: Es ist nicht „die Digitalisierung" per se, sondern die smarten Macher hinter Tech-Unternehmen wie Amazon, Google, Apple oder Facebook, die mit ihren Algorithmen die alte Welt auf den Kopf gestellt haben und das Ergebnis „Disruption" nennen. In der neuen Welt wird derweil alles immer digitaler, vernetzter und schneller – und das hinterlässt tiefe Spuren in Wirtschaft und Gesellschaft. An der wertmäßigen Spitze wurden die großen europäischen Player – Öl-, Automotive, Mischkonzerne – längst abgelöst von jüngeren digitalen Plattformen aus Asien und den USA.

Sie alle arbeiten mit einer zweiten Kategorie von Werten: virtuelle Werte wie Daten, geistiges Eigentum, Bildung, Wissen, Vernetzung. Werte, die nicht direkt greifbar sind. Wenn von Daten als New Oil die Rede ist, dann deshalb, weil sie einem Konzern wie Microsoft zu einem realen Marktwert von rund einer halben Billion US-Dollar verhelfen, Amazon liegt bei 888 Milliarden, Apple bei 875, Alphabet bei 741 und Facebook bei 495 Milliarden Dollar. Zum Vergleich: Siemens: 93 Milliarden; VW: 85,5; Daimler: 59 und BMW: 48 Milliarden US-Dollar. (Stand Juli 2019).

Nie hatten Kunden einen so schnellen und günstigen Zugriff auf Musik, Filme, Software, Mobilität. Und nie waren sie mit ihren persönlichen Daten für Unternehmen so „gläsern" und waren so abhängig von abonnierter Software und Hardware, von Updates und Content.

· ·

**Digitale Transformation heißt:
Zuerst den Kunden verstehen,
dann das eigene Geschäft
grundlegend neu denken.**

Frühere Fehlversuche:
Schlussstrich ziehen, neu starten

Wichtige Hemmschwellen der digitalen Transformation sind, so meinen wir, gravierende Fehlentwicklungen in der Vergangenheit. Viele Unternehmen haben in den letzten Jahren schlichtweg schlechte Erfahrung mit dem Einsatz neuer Technologien gemacht. Vor mehr als zwei Jahrzehnten, im Jahr 1999, war bei Konzernen die ERP-Software von SAP das bestimmende Thema. Zu dieser Zeit hatten Unternehmen die Implementierung der Kernmodule von SAP/R3 mit den drei Anwendungsbereichen Rechnungswesen, Logistik und Personalwirtschaft entweder geplant oder sogar schon eingeführt. Faszinierend war zu damaliger Zeit noch das relativ neue Modul SAP CRM.

Manches große Unternehmen machte damals leider den Fehler, die bestehende Software an alle möglichen Eventualitäten anzupassen – für ein großes Unternehmen schien das damals die einzig richtige Möglichkeit zu sein. Da SAP allerdings regelmäßig neue Updates entwickelte, um die Software so auf dem neusten Stand der Entwicklung und der Rahmenbedingungen zu halten, entstand ein gravierendes Problem: Das Unternehmen hatte die SAP-Software so sehr auf die unternehmensinternen Bedürfnisse angepasst, dass notwendige Updates nicht mehr eingespielt werden konnten. Auch SAP konnte die veränderte Software nicht wieder releasefähig machen. Somit war die Software nicht mehr zukunftsfähig, Investitionen von 50 Millionen Euro mussten notgedrungen abgeschrieben und ein neues CRM Software Projekt gestartet werden. Eine schwere Entscheidung und ein wichtiges Learning: Prozesse im Unternehmen sollten an die Standardsoftware angeglichen werden – nicht umgekehrt.

Nicht nur bei großen Unternehmen gab es solche Vorfälle. Auch in kleineren Unternehmen wurde für die Investition in eine neue Technologie oft verhältnismäßig viel Kapital in die Hand genommen. Viel später zeigt sich, dass die anfänglichen Versprechungen und Verbesserungen nicht so eintrafen, wie man sich erhofft hatte, oder dass man zu viel Geld in einen vergleichsweise geringen Ertrag investiert hatte. Auch wenn es damals noch eine andere, vergleichsweise unerfahrene Zeit war – die heutigen Unternehmenslenker haben diese Geschichten noch im Kopf, wenn sie über Investitionen in neue Technologien entscheiden. Es handelt sich um Erfahrungen, die ein Hochschulabsolvent der Wirtschaftsinformatik heute kaum mehr nachvollziehen kann.

Wer eine digitale Transformation zielgerichtet und schnell angehen möchte, ist gut beraten, neues Vertrauen in die Technologien und deren Prozessen zu entwickeln. Es gibt sie ja, die positiven Entwicklungen: Als zum Beispiel die ersten Onlineshops eröffnet wurden, glaubte niemand, dass Kunden online Transaktionen tätigen und Ihre Kreditkartennummer einer Website anvertrauen würden. Und doch, sie wagten es. Denn der Kundennutzen – Bequemlichkeit, Produktvielfalt, Zahlungssicherheit – wiegte schwerer als alle Bedenken. Ebenso wurde nicht vermutet, dass BI und Analytik wertvolle Erkenntnisse liefern, die Kunden noch enger binden und noch mehr begeistern könnten. Heute nutzt fast jedes Unternehmen der Welt Online-Transaktionen und führt der Datenanalyse durch, um das Verhalten seines Unternehmens und seiner Kunden besser zu verstehen. Wer Teil einer digitalen Wertschöpfungsgemeinschaft werden möchte, dem bleibt gar nichts anderes übrig, als sich aufs Neue mit den technischen Möglichkeiten zu beschäftigen.

Digitale Transformation heißt: Negative Erfahrungen reflektieren und für mehr Kundennutzen positiven Entwicklungen eine Chance geben.

Komplexität und Unübersichtlichkeit? Ja, bitte.

Wir empfinden es heute als völlig selbstverständlich, dass wir von morgens bis abends von Digitaltechnologien umgeben sind: Kommunikation mit Geschäftspartnern oder Freunden, News und Wetterbericht, Straßenkarten und Shopping, Notizen und Einkaufslisten, Fotos, Filme, Spiele und Musik, Fitnessdaten und Sprachunterricht, … dies alles nutzen wir ohne besonderes technisches Verständnis. Noch vor 25 Jahren war das ganz anders: Damals brauchte man schon viel technisches Verständnis für eine einfache Kommunikation über Usenet-Seiten.

Attraktive Oberflächen, unverständliches Innenleben

Doch gerade hier liegt das Problem: Denn obwohl heute jedem das Internet offensteht, sind modernste Technologien doch so komplex geworden, dass ein Einzelner diese unmögliche im Detail verstehen kann. Bei früheren Technologien war das einfacher. Im Walkman zum Beispiel wickelte sich das Tonband langsam von einer Spule ab und auf der anderen Spule wieder auf. Einfache Mechanik, einfach zu verstehen. Wie unser Smartphone Musik abspielt? Wissen wir nicht. Wir tragen mit unseren Smartphones mehr Rechenleistung durch den Alltag, als die Mondlandefähre von 1969 mit ins All genommen hatte und haben es aufgegeben, das „Wie" verstehen zu wollen. „Jede ausreichend fortgeschrittene Technologie ist von Magie nicht zu unterscheiden", schrieb der britische Physiker und Science-Fiction-Autor Arthur C. Clarke schon im Jahr 1973 (zit. nach Hegemann 2020). Jede Magie hat ihren Preis. Der Preis, den wir zahlen, heißt Komplexität. Wir können bei Weitem nicht mehr alles verstehen oder gar beherrschen. Das ist sicherlich auch ein Grund, warum wir neue Technologien gerne nutzen wollen, sie aber erst schwer akzeptieren können – insbesondere noch nicht etablierte Technologien, wie künstliche Intelligenz, autonomes Fahren oder humanoide Roboter.

Sinnvolle Kritik von Science Fiction trennen

Techniksoziologe Prof. Johannes Weyer von der TU Dortmund erklärt, dass es den meisten Menschen schwerfalle, den Nutzen neuer Technik zu erkennen. Dies gelte vor allem dann, wenn ihnen die praktische Erfahrung mit dieser Technologie fehle und sie sich daher unsicher fühlten. „Befragt man Menschen zu neuen Technologien, spiegeln ihre Aussagen oftmals die Szenarien wider, die sie aus den Medien oder aus Science-Fiction-Erzählungen kennen", erklärt Weyer. „Sie haben Angst, dass die Maschinen uns die Jobs wegnehmen, dass sie smarter werden als wir, oder dass sie eines Tages die Herrschaft über uns Menschen übernehmen." (zit. nach Hegemann 2020) Derartige Ängste sind nicht nur unnötig, sie führen uns sogar in die Irre: Wer Fiktion mit Zukunftsprognosen verwechsele, der diskutiere möglicherweise über die Gefahr einer Superintelligenz ohne zu Fragen, ob sie überhaupt realistisch sei.

Die Göttinger Philosophin Catrin Misselhorn bestätigt: „Wir müssen Ängste und Sorgen auf ihre Legitimation prüfen." (zit. nach Hegemann 2020) Die Herausforderung der Gesellschaft bestehe darin, Hysterie von sinnvoller Kritik zu trennen. Es sei nachvollziehbar, dass jede neue Technologie zunächst neue Sorgen schüre. Allerdings müssten wir lernen, mit den Unsicherheiten gegenüber Neuartigem umzugehen. Auch mit den Unklarheiten: Es gibt schlicht und ergreifend nicht auf jede Fragen eine klare Antwort.

Komplexität nicht reduzieren

In der Vergangenheit war die vermeidlich beste Methode im Umgang mit Komplexität Ihre Reduktion. Weniger ist mehr. Jedoch beraubt man sich so der Möglichkeiten, Vielfalt optimal zu nutzen, um möglichst viele neue Erkenntnisse zu gewinnen und auf dieser Grundlage Fortschritt zu generieren. Wenn es jedoch gelingt, vernetzt zu denken und da, wo Komplexität erschlossen wird, Neues mit Altem zu verbinden, Problemen mit Lösungen und Menschen mit Ideen, verschwindet das Gefühl der Bedrohung und es ergeben sich neue Möglichkeiten aus den bestehenden Zusammenhängen. Komplexität wird so zum Stoff für kreative Entwicklung.

Was passiert, wenn Unternehmen krampfhaft versuchen Komplexität zu reduzieren und sich so der Chance berauben, nach neuen Erkenntnissen zum Thema Kundenwunsch und neuen technischen Möglichkeiten Ausschau zu halten. Genau das haben wir bei Unternehmen wie Quelle und Kodak, bei Nokia und Blackberry gesehen. Alle waren so fixiert auf unterkomplexe Traditionen – Katalog, Film, Tasten – dass sie neue Verbindungen zwischen Digitaltechnik und Kundengewohnheit – Scrollen, Teilen, Bestellen – schlicht nicht verstanden haben.

Digitale Transformation heißt: Unsicherheit aushalten und im Sinne der Kunden Komplexität produktiv nutzen.

Umsetzungskompetenz: Konsequent aufbauen

Wie gut ein Konzept ausgearbeitet wurde, zeigt sich immer erst in der Umsetzung. Aber nicht nur das Konzept ist entscheidend, sondern auch die Kompetenzen derjenigen, die mit der Umsetzung betraut sind. Für eine nachhaltig erfolgreiche Digitalisierung müssen neben ausreichenden Investitionen in Digitalisierung und Cyber-Sicherheit immer auch die Mitarbeiter und deren Qualifizierung berücksichtigt werden. Erst damit sind die Grundlagen für eine Transformation und die Vorbereitung für das digitale Zeitalter geschaffen. Doch Kompetenz nutzt wenig, wenn es keine Strukturen gibt, in denen sie wirksam werden kann.

Laut einer Umfrage des Digitalverbandes „Bitkom" zum Stand der Digitalisierung der deutschen Wirtschaft sagen zwei Drittel aller Unternehmen, dass sie für die Umsetzung des digitalen Wandels keine eigene organisatorische Einheit geschaffen haben. Jede vierte Firma verorte dieses Thema in der IT-Abteilung, nur eine Minderheit von vier Prozent hätten hierfür eine eigenständige Unit aufgebaut, so der Bitkom. „Digitalisierung bedeutet in erster Linie die Entwicklung neuer Geschäftsmodelle. Unternehmen sollten das nicht nebenbei versuchen, sondern die nötigen personellen und finanziellen Ressourcen bereitstellen", sagt Bitkom-Präsident Achim Berg. Doch selbst einen Chefstrategen in Sachen Digitalisierung sucht man in vielen Unternehmen vergebens. Dem Bitkom zufolge existiert nur in jedem zehnten Unternehmen die Position eines „Chief Digital Officers" (CDO) oder eines „Leiters Digitalisierung". Jedoch tun sich hier gravierende Unterschiede je nach Unternehmensgröße auf, so die Experten des Digitalverbandes: Unter den Unternehmen mit 500 und mehr Mitarbeitern beträgt der Anteil 44 Prozent, unter den mittelständischen Unternehmen mit 100 bis 499 Mitarbeitern aber lediglich 24 Prozent. Und bei den kleineren Unternehmen mit 20 bis 99 Mitarbeitern verfügen nur sechs Prozent über einen Digitalchef, fand der Bitkom heraus. (Streim 2018)

Wir meinen: Ja, es braucht Strukturen. Und wir meinen auch: Auf die richtige Frage nach digitaler Umsetzungskompetenz im Unternehmen ist „CDO" die falsche Antwort. Digitale Transformation ist kein Einzelprojekt, sondern eine Gesamttransformation. Digitalisierung verändert alles: das Geschäftsmodell, die Produkte, die Kunden. Diese Umwälzung lässt sich nicht aus dem Beiboot bewältigen, sondern nur von der Brücke aus. Wir sagen: Digitale Transformation ist eine Aufgabe, die der Geschäftsführer, der CEO nicht delegieren darf. Das ist seine Aufgabe, die muss er wahrnehmen.

Digitale Transformation heißt:
Vom Kundennutzen ausgehend Kompetenzen aufbauen und sinnvolle Strukturen schaffen.

Fazit Kapitel 1.2

Digitale Transformation: Zurück zum Kundenfokus

Nachhaltiges Wachstumspotenzial im Ecosystem

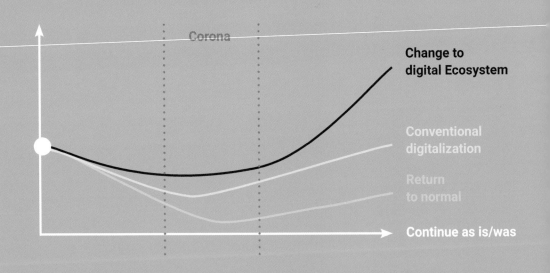

© dmp 2020

- Viele Mittelständler sehen hinter den jüngsten Disruptionen der Wirtschaft lediglich Techniksprünge – statt radikal veränderter Kundenwünsche.

- Digitalisierung wird zwar vorangetrieben, um interne Kosten zu optimieren, sie wird oft aber nicht in ihrer ganzen Tragweite verstanden: als digitale Transformation für besseren Kundennutzen.

- Vor gut 20 Jahren sind etliche Mittelständler an der ersten Umstellung auf digitale Kunden- und Warenverwaltungssysteme krachend gescheitert. Digital war schwierig. Wenn diese Erfahrung aber zu einer Blockade neuer Digitalstrategien führt, verhindert sie die Erschließung neuer und zukunftsfähiger Dimensionen von Kundennutzen.

- Komplexität und Unübersichtlichkeit sind eine wichtige Quelle, um an der Schnittstelle zwischen Kundenbedürfnis und Technikentwicklung ganz neue Kundengewohnheiten und damit neue Services und Produkte zu entwickeln.

- Mangelnde Umsetzungskompetenz lässt sich nicht mit der Einstellung eines einzigen „Digitalkopfs", sprich CDO, kompensieren. Digitale Transformation ist kein Einzelprojekt, sondern eine Gesamttransformation. Ziel ist ein grundlegend neu gedachtes Geschäftsmodell – mit erheblich potenziertem Kundennutzen. Kunden wollen Produkte einfach nur flexibel und bei Bedarf nutzen, statt diese zu kaufen und zu besitzen.

Damit kennen Sie nun die Hintergründe zum ersten Punkt unseres Praxisteils: Strategische Disposition: vom Produkt zum Nutzen.

Im zweiten Kapitel schließen wir das Gap zwischen Theorie und Praxis, indem wir Ihnen den radikalen Wandel des Kunden-Mindsets vorstellen: Nutzenorientierung statt Produktorientierung. Wir zeigen Ihnen, wie dieses Mindset auch im Mittelstand eine neue Haltung nach sich zieht: langfristige Kundenbindung statt kurzfristige Absatzperspektive. Wir stellen Ihnen Case-Studies vor und ganz konkrete Methoden für Ihr Business. Zunächst geht es jedoch um zwei weitere Fragen:

- Warum fällt es dem Mittelstand so schwer, das eigene Geschäftsmodell radikal neu zu denken? Diese Frage wird uns zum zweiten Punkt des Praxisteils führen: Business Architecture. Und:

- Welches Selbstverständnis prägt mittelständische Wettbewerber, und wie erschwert dies die Zusammenarbeit zwischen Unternehmen? Diese Frage führt zum Thema Entity Design.

Kapitel 1.3

Champions im Mittelstand:

Warum es ihnen so schwerfällt, das eigene Geschäft neu zu denken. Und wie es trotzdem gelingt.

„Erfolg macht lernbehindert", hat Reinhard Sprenger einmal gesagt (Sprenger 2020). Wir ergänzen: Auch die Angst vor Misserfolg macht lernbehindert. Beides erleben wir aktuell bei mittelständischen Unternehmen in Deutschland und Österreich, und beides behindert das, was die einstmals legendären Hidden Champions einmal weit nach vorne gebracht hatte: Innovation. Wir stehen, so meinen wir, vor einer unerträglichen Situation: Das Potenzial ist da – und es liegt darnieder. Weil von außen kein rettender Impuls zu erwarten ist, sondern im Gegenteil unternehmerische Schwäche schnell zum Exitus führt, muss der Wandel von innen kommen. Es geht jetzt um folgende drei Aspekte:

- **Haltung:** Warum Selbstgewissheit zu schlechten Entscheidungen führt.

- **Katastrophismus:** Was passiert, wenn vernünftige, unternehmerische Vorsicht in irrationale Paranoia umkippt.

- **Stillstand statt Innovation:** Wie der Mittelstand in die Innovationssackgasse geraten ist, und was er tun muss, um mit frischen Impulsen neu durchzustarten.

Haltung: „Zu viel Selbstgewissheit"

Beim Tag der deutschen Industrie im Juni 2019 hat Angela Merkel die Unternehmen bereits vor zu viel Selbstgewissheit gewarnt. Angesichts des Tempos der technologischen Entwicklung und der Veränderungen in der Welt habe sie Sorge, dass „in der deutschen Wirtschaft die Bereitschaft, disruptive Wege zu gehen und neue Herangehensweisen zu wählen, gebremst werden könnte, weil man heute ja noch ganz gut dasteht". (Specht/Greive 2019) Die Haltung der Selbstgewissheit trifft genauso auf andere europäische Companies zu.

Das finnische Unternehmen „Nokia" ist ein anschauliches Beispiel dafür, wie sich Krise um Krise bewältigen lässt, und dass die über Dekaden gewonnene Widerstandskraft – wir sprechen von unternehmerischer Resilienz – angesichts disruptiver Entwicklungen dann doch nicht ausreicht:

Nokia: komplett verschätzt
Nokia war einst aus drei Unternehmen entstanden, von denen das erste Papier herstellte, das zweite Kabel und das dritte Gummistiefel. Transformation gelungen. In den 1980er-Jahren entwickelte sich Nokia dann zum Weltmarktführer im Bereich Mobiltelefone und wurde der richtungsweisende Entwickler von neuen,

einflussreichen Modellen. 2007 besaß der finnische Produzent ein Marktkapital von rund 250 Mrd. USD. Innerhalb von sechs Jahren ging dieser Wert dramatisch auf 7,2 Mrd. USD zurück, bevor das Unternehmen an Microsoft verkauft wurde. Das Management hatte die drohenden Veränderungen am Markt nicht kommen sehen und die Folgen der Einführung des iPhones 2007 komplett unterschätzt. Anstatt darauf zu reagieren, sonnte sich der Konzern in seinem Erfolg. Nokia scheiterte schließlich doppelt: Es konnte den neuen Betriebssystemen IoS und Android keine wettbewerbsfähige Software gegenüberstellen. Und es konnte auch dem schicken iPhone mit Touchscreen und App-Struktur nichts Zeitgemäßes entgegensetzen. (Frost 2013)

Gerade in unserer schnelllebigen Zeit, in der Marktverschiebungen gewaltig sind, brauchen Unternehmen – und insbesondere der Mittelstand – einen klaren Blick. Auf sich selbst. Doch daran mangelt es: Es fehlt die Kompetenz, die eigene Lage zu analysieren, es fehlen Kompetenzen zur Analyse des Marktes, es fehlt an Entscheidungskraft. Verschiebungen, Innovationen und Disruption am Markt müssen rechtzeitig erkannt und bewertet werden, um die eigene Zukunftsfähigkeit zu sichern. Dem Versandhaus „Quelle" zum Beispiel ist das nicht gelungen. Es scheiterte letztendlich an der Digitalisierung und wurde von Amazon verdrängt. Es zählt zu den Unternehmen, die zu lange an einer veralteten Strategie festgehalten haben.

Quelle: 50 Millionen Euro für Altpapier
Das Versandhaus Quelle war einmal sehr groß: Der Händler konnte über Katalogbestellungen an guten Tagen bis zu 100.000 Sendungen ausliefern. Der aufstrebende Großkonzern Amazon wurde nicht als Gefahr erkannt. Verantwortliche der Strategieabteilungen glaubten weiterhin an den Katalog und hofften, dass der „Neuling" Amazon mit seinem billigen Angebot wieder vom Markt verschwinden würde. Und so kam es, dass selbst nach der Eröffnung eines Insolvenzverfahrens am 9. Juni 2009 beim Amtsgericht Essen nochmal eine neue Version des „guten, alten Katalogs" gedruckt wurde – finanziert durch Kredite in Höhe von 50 Millionen Euro. Ein außerordentlich hoher Betrag wurde also noch einmal investiert, im festen Glauben, es handle sich um eine bald vorübergehende Schwächephase. Diese Einschätzung traf jedoch nicht zu: Im November desselben Jahres wurde auf der Gläubigerversammlung die Liquidation beschlossen. Die Zeit, am Quellekatalog festzuhalten, war endgültig vorbei.

Basierend auf dieser Erkenntnis – Marktverschiebungen kommen schnell und radikal – sollte jedes Unternehmen Maßnahmen ergreifen und Initiativen starten. Das Management braucht dazu Entscheidungskompetenz in allen Bereichen. Soweit, so klar.

Umfangreiche sozialpsychologische Studien haben allerdings gezeigt, dass vor allem Führungskräfte die Zukunft grundsätzlich zu optimistisch sehen (vgl. Lafley 2019). Sie überschätzen zudem ihre Fähigkeit, die Zukunft zu beeinflussen. Unternehmenslenker und CEO müssen nicht unbedingt alle Investitionsentscheidungen selbst treffen, jedoch sollten sie die Richtung dazu einschlagen, dass die beste Entscheidung im Unternehmen getroffen werden kann. Selbstüberschätzung ist nicht hilfreich, wenn es darum geht, das eigene Geschäft neu zu erfinden. Das gilt auch für das mittlere Management, für Mitarbeiterinnen und Mitarbeiter: Wenn der Motor stottert, braucht es Maßnahmen, ihn wieder in Schwung zu bringen. Was für einen Verbrennungsmotor das Öl ist, ist für die Unternehmensführung das Wiederentdecken der „Gründermentalität". Es handelt sich hierbei um Überzeugungen und Verhaltensweisen, wie sie in Start-ups zu finden sind. Ist diese dominierende Geisteshaltung im Laufe der Zeit verloren gegangen, gilt es, an die alten Zeiten wieder anzuknüpfen – gerne mit unorthodoxen Maßnahmen:

Prinzip Dringlichkeit: Den Aufzug abstellen
Bei einem Werkzeughersteller auf der Schwäbischen Alb hatten wir die Aufgabe, mit umfassenden Einsparungs- und Reorganisationsmaßnahmen eine drohende Insolvenz abzuwenden. Wir rechneten mit heftigem Widerstand auf allen Ebenen und wagten daher eine ungewöhnliche Intervention: Einige Tage, bevor wir unsere Pläne im Unternehmen vorstellten, stellen wir die Aufzüge ab. Und wir schickten die Putzkolonnen nach Hause. Anstrengende Fußmärsche, überquellende Papierkörbe – damit ließen wir jeden spüren, wie sehr das Unternehmen mit dem Rücken zur Wand stand.

Ich, Kay Freiland, habe es sehr häufig erlebt, dass Mitarbeiter offensichtliche Tatsachen nicht wahrhaben wollen. Sie wollen nicht sehen, dass das eigene Unternehmen kurz vor der Zahlungsunfähigkeit steht, dass es Insolvenz beantragen muss. Daher ist es absolut wichtig, zunächst das Bewusstsein für notwendige und umfassende Anpassungen zu schärfen. Und dann den Blick darauf zu lenken, dass für das Unternehmen und dessen Mitarbeiter ganz neue Chancen entstehen können, wenn man überkommene Selbstgewissheiten aufgibt. Und endlich neu anfängt.

Das eigene Geschäft neu denken heißt: Vom Sockel absteigen und von vorn beginnen.

Katastrophismus:
Weniger Sorgen, mehr Denken

Only the Paranoid survive. Ein viel zitierter Satz, wenn Leute mit lässlichen, eigenen Unzulänglichkeiten kokettieren wollen – zum Beispiel, wenn Sie schon wieder ihrem Kontrollzwang erliegen. Und so ganz falsch ist dieser Satz ja nicht. Er ist Teil des Geheimnisses des Erfolges vieler Unternehmerinnen und Mittelständler. Sie sind dauerhaft auf der Hut vor unliebsamen Überraschungen. Wenn es schlecht geht? Dann ist das der Beweis dafür, dass man sich zurecht gefürchtet hat. Und wenn es gerade gut geht, kommt die nächste Gefahr sicher gleich um die Ecke. Welche Gefahr das sein konkret sein könnte? Nicht so wichtig. Ein gewisser Sense of Urgency gehört unserem Eindruck nach auch ohne Anlass zur Grundhaltung etlicher Mittelständler.

Viele Unternehmerinnen und Manager geben sich entsprechend verhalten, wenn es um die Frage geht, ob die Digitalisierung gemeistert und das eigene Unternehmen „aus dem Gröbsten raus" wäre. Zu groß ist das Thema, zu vielschichtig und vielgesichtig. Unklar ist, was die technologisch getriebenen Visionen – manchmal auch Utopien – für das eigene Unternehmen wirklich bedeuten. Noch unklarer ist die Zeitleiste: Wann könnte es soweit sein? Instabil auch die Lage der Weltmärkte, sowohl hinsichtlich der Entwicklung als auch der geltenden Macht- und Rechtsverhältnisse. Wird Corona ein noch größeres Loch reißen als die Lehman-Krise? Wie verändert sich der Arbeitsmarkt? Themen wie New Work, eine zugespitzte Diskussion über die nächste Generation am Arbeitsmarkt und wie sie mit ihrer stärkeren Fokussierung auf das Privatleben anstatt auf Karriere und Aufstieg die Unternehmen verändern, tragen zur Verunsicherung bei.

Ein so diffuses, emotional aufgeladenes Bild ermutigt nicht zum Handeln. So bleibt eine innere Anspannung in den Unternehmen, vergleichbar der Angst vor der Angst. Unternehmen sind auf Dauerkrise gestellt. Die mentale Misere wird zusätzlich durch die engen, bis einschränkenden Abhängigkeiten innerhalb der Zulieferketten verstärkt. Blick nach oben: Was machen die Original Equipment Manufacturer, kurz OEMs? Was macht Digitalisierung mit OEMs? Was mit den vorgeschalteten Ebenen, englisch benannt Tier-1, Tier-2 bis Tier-n? Klar ist: Keiner ist hier schon dabei, wirklich zu gestalten. Alle reagieren und alles reagiert. Die einst mächtigen Konzernlenker deutscher Industrie sind selbst stark angegriffen, neue Titanen noch nicht etabliert, Rangfolgen noch ungeklärt, Technologien unentschieden. Tatsächlich: Die permanent wiedergekäuten Erzählungen der Wirtschaftsutopisten und Dystopisten lösen in den einschlägigen

Filterblasen schon Symptome von Blasenentzündung aus, doch suggerierte Dringlichkeiten sind noch keine Fakten. Die Zukunft ist noch längst nicht geschrieben, schon gar nicht für ein einzelnes Unternehmen oder eine Branche. Wer das glaubt, richtet es sich fatalistisch und allzu bequem in mentalem Stillstand ein – statt mit neuen Geschäftsmodellen neu durchzustarten.

Das eigene Geschäft neu denken heißt: Schluss mit der Dauersorge.

Stillstand statt Innovation: Schluss mit der mentalen Leere

Wir leben in einer Zeit des besonders schnellen Wandels und der besonders gravierenden Veränderungen. Doch schon vor mehr als 100 Jahren war man mit dem Innovationstempo überfordert: Im Jahr 1886 hatte Kaiser Wilhelm II bei der Vorstellung eines „neuartigen Gefährts" von Carl Benz noch geglaubt, dass es lediglich eine vorübergehende Erscheinung sei und die Zukunft nicht dem Automobil, sondern dem Pferd gehören werde. Nun... es kam anders, und auch einen Kaiser haben wir schon lange nicht mehr. Vielleicht liegt es in der Natur des Menschen, dass er strukturelle Veränderungen nicht wahrhaben will, oder erst spät erkennt? Zu spät?

Die Zahl der Unternehmen, die auf die rapide ansteigende Veränderungsgeschwindigkeit des digitalen Zeitalters falsch oder gar nicht reagiert haben, ist jedenfalls erheblich. Viele von ihnen sind von der Bildfläche verschwunden. Natürlich spielen viele Faktoren beim Scheitern eines Unternehmens eine Rolle. Aber beinahe jede wissenschaftliche Fallstudie zum Niedergang eines früheren Branchenführers zeigt, dass das lange Festhalten an einer ehemals erfolgreichen Strategie dazu beigetragen hat (vgl. Vermeulen/Sivanathan 2019). Genau das ist auch in den folgenden Fällen geschehen – ähnlich wie bei Quelle handelt es sich hier um Traditionsunternehmen, die sich selbst für „unsinkbar" hielten:

Die Lerche, HMV und Co.: „Streaming ist nur eine Modeerscheinung"
Das Fachgeschäft für Audiobedarf, „die Lerche", galt als größtes Radio- und Fotohaus in Süddeutschland. Es erfreute sich großer Beliebtheit und Kunden kamen täglich bis aus dem Schwarzwald nach Stuttgart gefahren, um einen Tag lang in der Lerche zu verbringen. Das einst sehr erfolgreiche Unternehmen hatte auf Veränderungen im Markt nicht entsprechend reagiert. Im Jahr 2004 war der Wettbewerb gegen aufkommende Player dann verloren, sodass das Traditionshaus schließen musste.

Sicherlich war die Lerche ein vergleichsweise kleiner und lokaler Player am Musikmarkt. Aber auch große Unternehmen derselben Branche, wie die Musikhandelskette HMV, verpassten den Strukturwandel und hielten zu lange am eingeschlagenen Weg fest. Der britische Musikhändler HMV zählte einst zu den dominierenden Verkaufsketten für Musik und anderen Unterhaltungsprodukten und zählte in Großbritannien und Irland über 200 Filialen. Auch dieses

Großunternehmen hat die Veränderungen der Branche zu spät erkannt oder gar nicht wahrhaben wollen. HMV hatte die Entwicklung von Amazon und iTunes schlichtweg unterschätzt. Der damalige Manager Steve Knott sagte 2002 noch: „Musik zum Herunterladen ist nur eine Modeerscheinung." (zit. nach Vermeulen/Sivanathan) Wenige Monate später ging am 28. April 2003 der iTunes Store von Apple an den Start und revolutionierte die Musik-Branche.

Zu der Tendenz der eingebildeten Unsinkbarkeit kommt eine Gewohnheit, die in der Management Literatur „eskalierendes Commitment" genannt wird. Menschen neigen offenbar grundsätzlich dazu, an einem eingeschlagenen Kurs festzuhalten, auch wenn dieser veraltet und die Entscheidung irrational ist. Die Forschung hat mehrere Wahrnehmungsverzerrungen ausfindig gemacht, die als Gründe für dieses psychologische Phänomen herangezogen werden können. Das bekannteste Phänomen ist die Täuschung über bereits getätigte, irreversible Kosten. Diese kognitive Verzerrung ist als „Sunk Cost" in der Literatur dokumentiert. Sind Investitionsentscheidungen für ein bereits laufendes Projekt zu treffen, werden oft die bereits angefallenen Kosten mit einkalkuliert, um so vorherige Entscheidungen zu rechtfertigen, und um letztendlich die eigene Selbstgewissheit aufrechtzuerhalten. Zu selten werden nur die zukünftigen Kosten einberechnet – um rational entscheiden zu können.

Genauso irrational wie der starre Blick in den Rückspiegel ist das Starren auf die Wettbewerber links und rechts: Eine gängige Praxis der erfolgsverwöhnten deutschen Industrie ist die Orientierung am Benchmark. Hier kann die Spitze der Automobilindustrie ein warnendes Beispiel abgeben, denn auch Benchmark heißt: Stillstand. Noch 2014 war man sich im Premiumsegment innerdeutsch genug. Daimler, BMW, Audi. „What else" – hätte ein gut aussehender Schauspieler im Werbefernsehen gesagt. Das tun, was andere tun, nur ein wenig besser. Das war Standard. Und Standardisierung und Konformismus sind auch Stärken der Industrie der Vergangenheit, die weit getragen haben.

Nachweislich: Dem Mittelstand wurden und werden Werte wie „Qualität, Verlässlichkeit, Beständigkeit, Nachhaltigkeit, Innovationskraft und Anpassungsfähigkeit" zugesprochen; eine Studie von Statista Research Department (Erhebung 2015) hat das vor einigen Jahren bestätigt. Tatsächlich sind dies elementare Eigenschaften für Unternehmen, um auf Dauer erfolgreich zu sein. Es fällt kaum auf, dass hier zwei Seiten einer Medaille in einer Reihe stellen. Beständigkeit... und Innovationskraft? Wie sieht es in Sachen Innovation tatsächlich aus in Deutschland?

Das Ende der Innovation im Mittelstand

Auf der einen Seite haben sich die Forschungs- und Entwicklungsausgaben der deutschen Wirtschaft seit der Jahrtausendwende auf zuletzt 88 Milliarden Euro mehr als verdoppelt. Bisher galten die großen Branchen – Autoindustrie, Maschinenbau – als innovationsstark. Doch die „Expertenkommission Forschung und Innovation" (EFI) hatte schon 2018 festgestellt, dass der Anteil von Unternehmen, die sich mit Produkt- oder Prozessinnovationen hervortun, seit 1999 von 56 Prozent auf nun 35 Prozent abgestürzt ist. (Specht/Greive 2019) Einer aktuellen Studie aus dem Hause Bertelsmann („Innovative Milieus: Die Innovationsfähigkeit deutscher Unternehmen", 2019) zufolge können sich derzeit nur noch sechs Prozent der Unternehmen „Technologieführer" nennen – und diese kommen vor allem aus Branchen wie Chemie, Pharma, Kunststoff, sowie Metall und Elektro.

Wenn Unternehmen die Anstrengungen zurückfahren, innovativ zu sein, geraten sie immer mehr ins Hintertreffen. Fast die Hälfte der Firmen hat es laut Bertelsmann-Studie in den zurückliegenden Jahren verpasst, ihr Innovationsprofil an neue Bedingungen anzupassen. Das trifft besonders auf kleine und mittlere Unternehmen zu, und das kann existenziell bedrohlich werden. „Verpassen diese KMU den Zeitpunkt für den notwendigen Strukturwandel hin zu mehr Innovationsfähigkeit," warnte denn auch Armando García Schmidt von der Bertelsmann Stiftung im Handelsblatt, „können sie und ihre Beschäftigten schnell zu Opfern veränderter Marktbedingungen werden." (Specht/Greive 2019)

Fragt man sich: Warum halten so viele KMU nicht Schritt? Die Antwort ist frappierend: Jedes neunte Unternehmen, vor allem Kleinbetriebe, hält Innovationen nicht für wettbewerbsrelevant oder sieht sich nicht in der Lage, sie umzusetzen. Damit ist es praktisch schon vorprogrammiert, dass es den Anschluss verliert. Dass vor allem kleine und mittlere Betriebe bei der Entwicklung neuer Technologien ins Hintertreffen geraten, führen die Studienautoren nicht zuletzt darauf zurück, dass der digitale Reifegrad hier sehr gering ausgeprägt ist. Zur Ermittlung des digitalen Reifegrads gibt es verschiedene Modelle, beispielsweise das Modell vom MIT oder von St. Gallen. Anhand verschiedener Dimensionen – Mitarbeiter, Kultur, Technologie, Kundenerlebnis, Leadership und Strategie – wird der Reifegrad der jeweiligen Bereiche analysiert. In der abschließenden Ergebnisanalyse wird dann beispielsweise zwischen vier Reifestadien oder Reifegruppen unterschieden: digitale Anfänger, digitale Intermediäre, digitale Fortgeschrittene, digitale Experten.

Firmen sollten gut vernetzt mit ihren Kunden sein, deren Bedürfnisse erkennen und von Vorschlägen zur Verbesserung ihrer Produkte und Dienstleistungen profitieren. Ein Vorzeigeunternehmen in Sachen Vernetzung und vor allem, in konsequenter Kundenorientierung ist sicherlich der Online-Gigant Amazon:

Amazon: Von wegen „verzettelt"
Der Weg von Amazon ist von einem unablässigen Streben nach Innovationen geprägt, die allesamt darauf abzielen, einen höheren Kundennutzen zu schaffen. Viele der neuen Geschäftsfelder und Innovationen von Amazon wurden anfangs extern wie intern als Ablenkungen oder gar als Verzettelung gewertet. Die Expansion außerhalb des Kerngeschäfts mit Medienprodukten, die internationale Ausrichtung, der Aufbau eines Onlinemarktplatzes für externe Händler, Webservices und Nutzung der Amazon-Infrastruktur für Dritte und jüngst der Einstieg in das Geschäft mit kassenlosen Bezahlsystemen im stationären Handel sind nur einige Beispiele.

Gründer Jeff Bezos hat bei Amazon von Anfang an Prinzipien eingeführt, die darauf ausgerichtet waren, dass die Organisation Veränderungen selbst in Gang setzt, statt ihnen hinterherzulaufen. Deutsche Mittelständler sind natürlich weit davon entfernt, sich zu zukünftigen „Amazons" zu entwickeln. Dennoch stimmt das Prinzip: Es ist wichtig, eine Kultur aufzubauen und Strukturen zu schaffen, die Veränderungen, Innovationen und Anpassung zumindest zulassen, besser aber noch: aktiv fördern und Fehler als Lernpotenziale aktiv nutzen. Alles ist besser als der mentale Stillstand, der sich im Mittelstand derzeit einschleicht. Zu diesem Ergebnis kommt auch die Studie der Universität St. Gallen: „Wege aus der Komplexitätsfalle." (vgl. Molitor 2019)

Gehen wir einen Schritt zurück und betrachten, was die deutsche Industrie einmal so erfolgreich gemacht hat. Dabei kommen eine Reihe an Punkten zusammen, die für das Gütesiegel „Made in Germany" verantwortlich sind: Zentral ist die herausragende Innovationskraft, die die erfolgreichen Unternehmen gemeinsam hatten. In den guten Zeiten meldete Deutschland je Kopf mehr als doppelt so viele Patente an wie Frankreich, viermal so viele wie Italien, fünfmal so viele wie Großbritannien und 18-mal so viele wie Spanien – von Portugal (56-mal so viele) und Griechenland (110-mal so viele). Die Innovationskraft war im europäischen Kontext herausragend und auch im globalen Vergleich bemerkenswert. Beim heutigen Betrachten der Statistiken der Patentanmeldungen in der deutschen Industrie. Liegt Deutschland zwar nicht mehr auf Platz eins aber immer noch auf den vorderen Rängen.

Jedoch hat sich hier eine gravierende Veränderung bemerkbar gemacht. Es sind nicht mehr die kleinen und mittleren Unternehmen, die die traditionelle Stärke der deutschen Wirtschaft mit den über tausend Hidden Champions ausgemacht haben, sondern die Konzerne, die jetzt mit zahlreichen Patentanmeldungen führen. Offensichtlich können die KMUs nicht mehr mithalten. Doch folgt daraus zwingend, dass sie nun in Schockstarre fallen und sich dem drohenden Exitus hingeben? Natürlich nicht. Innovation lässt sich zurückholen, und das muss nicht einmal aus eigener Kraft geschehen.

Aufbruch mit Schlüsselpartnerschaften

Studien zeigen, dass Schlüsselpartnerschaften im Mittelstand die Entstehung von Geschäftsmodellinnovationen begünstigen. Grund dafür sind iterative Lernprozesse und der Austausch von Information und Wissen. Je intensiver der persönliche Austausch, die gegenseitige Unterstützung und das gemeinsame Vertrauen und je kürzer die geografischen Wege, desto größer der Effekt. (vgl. Becker. W. et. al. 2018, 86)

Diesen gilt es, zu nutzen. Wir vergleichen die Situation gerne mit dem legendären Orchester der Titanic. Genau wie diese Musiker können KMU einfach weiterspielen, als wäre nichts geschehen. Um irgendetwas zu tun, können sie auch Ihre Besetzung ändern oder die Partituren austauschen. Helfen wird das alles nicht, denn es geht weder um die Besetzung noch um die Stücke. Es geht um das Schiff, und das Schiff geht unter. Was bleibt, sind hoffentlich gut vernetzte Beiboote.

Wir sind überzeugt davon, dass bestehende Technologien schon bald komplett ausgereizt sein werden. Natürlich können wir noch schnellere Internetleitungen legen sowie und noch leistungsfähigere Speicherchips verbauen und auch KI/Smart Solution haben noch Entwicklungspotenzial. Aber das ist es nicht, was uns derzeit limitiert. Das nächste Level der Digitalisierung erreichen wir nicht durch Technik, sondern durch bessere Zusammenarbeit. Wir erreichen dieses Level durch unternehmerische Kooperation, und diese wiederum wird angetrieben durch den immensen Qualitätssprung dort, wo Business erst möglich wird: beim Kunden.

Das eigene Geschäft neu denken heißt: Innovationen möglich machen mit Schlüsselpartnerschaften.

Fazit Kapitel 1.3

Gemeinsame Wertschöpfung: Das Geschäft neu denken

Profit from Complexity

Teilnahme statt Reduktion – Komplexität als Wettbewerbsvorteil

© dmp 2020

- Selbstbewusstsein gehört sicherlich zu den unternehmerischen Tugenden des Mittelstands – ein Übermaß an Selbstgewissheit verhindert allerdings notwendige Entwicklung.

- Erfolgreiche Unternehmer zeichnen sich zwar durch Umsicht und Vorsicht aus. Katastrophismus aber führt nicht weiter. Es ist höchste Zeit, irrational-unproduktives Sorgenmachen durch rationales Denken und produktives Handeln zu ersetzen.

- Für einzelne KMU wird es immer schwieriger, sich mit eigenen Innovationen gegen die Übermacht der Konzerne zu stemmen. Im Verbund mit anderen KMU wächst die Schlagkraft – und die Kreativität. Die nächste Stufe der Digitalisierung heißt also nicht noch mehr Technik, sondern eine erheblich gesteigerte Zusammenarbeit.

Das sind die Hintergründe zum zweiten Punkt unseres Praxisteils:
Business Architektur: Geschäftsmodelle neu denken

Wie schon gesagt: Wer erfolgreich wirtschaften will, muss das Rad nicht neu erfinden. Es geht nun darum, ungenutzte Räder in verteilten Unternehmen zu finden, diese neu zu verbinden und auf damit auf die nächste Stufe zu heben: mehr unternehmerische Autonomie, mehr Effektivität und Kreativität für den Kunden, mehr Produktivität für die verbundenen Unternehmen. Wir sind überzeugt davon, dass innovatives Gründen aus bestehenden Komponenten eine Win-Situation für alle bringt: Unternehmen und Unternehmer, Geschäftskunden und Endkunden. Grundlage ist eine funktionierende Plattform, über die sich KMU verbinden. Und das ist es, was wir mit Business Architektur meinen.

Welches Mindset es braucht, welche Methoden zu diesem Ziel führen und welche Unternehmen diese Idee bereits verwirklicht haben, dazu mehr im Praxisteil. Zunächst lassen Sie uns noch eine Antwort auf die Frage suchen: Wenn Kooperation die glasklare Antwort auf eine drängende Frage ist – warum tun wir es nicht längst?

Kapitel 1.4

Plattformbasierte Kooperation:

Eine neue Perspektive

Mittelständler sind oft gerade deshalb groß geworden, weil sie sich erfolgreich gegen die Konkurrenz durchgesetzt haben. Mitbewerber wurden bekämpft im Gerangel um Aufträge der großen Hersteller. Die alte Strategie: Abschotten, nach vorne gehen. Gemeinsame Wertschöpfung erfordert die genau entgegengesetzte Strategie: Kooperation statt Konkurrenz; Know-how, Kreativität und Kompetenzen teilen. Die neue Strategie: Öffnen, sich zu relevanten Mitspielern auf gleicher Ebene orientieren. Eigentlich eine einfache Aufgabe – doch das Umdenken fällt schwer. Wir haben nach Gründen gesucht, und haben uns auf einem Spielfeld wiedergefunden. Um nicht zu sagen: Auf vermintem Gelände ...

- **Skepsis:** Motivation im Mittelstand gründet sich traditionell auf Feindbilder nach dem Motto „Wir gegen die". Denken in Gegnerschaft statt in Ergänzung. Das Umdenken fällt schwer.

- **Altlasten:** Erste Versuche, zusammen statt gegeneinander zu arbeiten, scheitern recht häufig. Das frustriert.

- **Strategien:** Die strategische Ausrichtung vieler KMU hängt noch immer fest im produkt- oder prozessorientierten Denken. Dass der Kunden sich stattdessen Nutzen wünscht und dass dieser Wunsch besser im Verbund als im Einzelkampf erfüllen lässt, geht schwer in die KMU-Köpfe.

- **Mindset:** Erfolg in gemeinsamen Wertschöpfungs-Companies basiert auf digitaler Technologie, ist aber vorrangig eine Frage des Mindsets. Weniger Familientisch, mehr WG-Küche, oder, moderner gedacht: Co-Workingspace.

Die große Skepsis: Warum sich Mittelständler mit Kooperationen so schwertun

Mittelständler sind gegenüber Kooperationen grundsätzlich skeptisch eingestellt. Oder? „Aber bitte!", möchten Sie als Unternehmer empört ausrufen und dabei an die vielen Kooperationen und firmenübergreifende Projekte denken, in denen ihr Unternehmen mitwirkt. Sie haben recht. Insbesondere in der Automobil-Zulieferszene ist die Verzahnung und wechselseitige Abhängigkeit von Unternehmen so groß, dass gar nichts überbleibt als mehr oder weniger gut zusammen zu arbeiten. Als Mittelständler sind Sie in den wenigsten Fällen vollkommen autonom.

Horizontale und diagonale Kooperationen: Viel ungenutztes Potenzial

Empirische Studien über alle Branchen hinweg zeigen, dass mittelständische Weltmarktführer ihre Aktivitäten bis zu über 70 Prozent integriert haben, um möglichst entlang der gesamten Wertschöpfungskette die Qualität ihrer Produkte und Kundenbindung kontrollieren und möglichst wenig Know-how „abgeben" zu müssen. Bisher nehmen eher wenige Mittelständler die Rolle des Koordinators oder des Spezialisten in einem Wertschöpfungsnetzwerk ein. An Partner ausgelagert werden tendenziell solche Aktivitäten, die nicht die eigene Kernkompetenz betreffen: etwa Teile der Produktion oder Logistik (vgl. Becker W. et al, 2018, 55). Als der auf Mittelstandsforschung spezialisierte BWL-Lehrstuhl der Universität Bamberg im Jahr 2018 eine große Umfrage zum Thema „Auswirkungen der Digitalisierung auf Kooperationen im Mittelstand" durchführte, ergab sich folgendes Bild:

Vorliegende Kooperationsarten

- **68** Prozent der Befragten kooperierten mit vor- oder nachgelagerten Unternehmen **der gleichen Branche** (vertikale Kooperationen)

- **48** Prozent arbeiteten mit **branchenfremden** Unternehmen zusammen (diagonale Kooperationen)

- **43** Prozent gaben Kooperationen **mit Wettbewerbern** zu Protokoll (horizontale Kooperationen)

- **31** Prozent kooperierten mit **Forschungseinrichtungen**

Verfolgte Kooperationsmotive

- Jeweils **57** Prozent erhoffen sich **zusätzliches Know-how**, einen besseren Marktzutritt und Kosteneinsparungen

- **51** Prozent strebt **bessere Beschaffungsmöglichkeiten** an

- **44** Prozent gibt einen besseren **Zugang zu neuen Technologien** und **Ressourcen** als Motiv an

- Mit **9** Prozent werden **ökologische Motive** vergleichsweise selten genannt (Becker et al. 2018 b)

Anzahl von Kooperationspartnern

- **39** Prozent der Studienteilnehmer kooperierten **mit mehr als 10** Partnern

- **17** Prozent hatten **6 bis 10** Kooperationspartner

- **30** Prozent gaben **2 bis 5** Kooperationspartner an

- **4** Prozent arbeiteten nur mit einem Partner

- **4** Prozent arbeiteten **ohne** Partner

Kurz: Zwei Drittel der Unternehmen aller Branchen sind in Wertschöpfungsketten eingebunden, weniger als die Hälfte der Unternehmen nutzt allerdings die Chancen diagonaler oder horizontaler Kooperation. In der Automobilindustrie sieht es anders aus. Hier sind die Ketten fester geknüpft – und die Skepsis gegenüber gemeinsamer Wertschöpfung ist groß. Doch erste Ansätze gibt es auch hier.

Vorreiter Mobilitätsbranche

Bislang sind Kooperationen zwischen einzelnen Ecosystemen eher selten – Automobilkonzerne, öffentlicher Nah- und Fernverkehr, Mobilitätsplattformen (Uber, Mytaxi usw.), sowie Car- und Bike-Sharing-Anbieter agieren autonom. Die einzelnen Anbieter haben viel Kapital in ihre Systeme investiert, weshalb es nachvollziehbar ist, dass sie diese möglichst lange ungehindert ausschöpfen wollen. Die Einzelsysteme werden aber ihre Grenzen erreichen. Daher werden sich die Anbieter im zweiten Schritt mit einer gemeinsamen Schaffung von Ecosystemen beschäftigen müssen.

Dabei wird es notwendig sein, Informationen in Form von Daten untereinander auszutauschen. Aktuell lässt sich hier ein gewisser Protektionismus der Unternehmen beobachten: Sie haben oftmals die Sorge, dass Wettbewerber einen Vorteil aus geteilten Daten ziehen könnten, oder dass sie selbst die Kontrolle bzw. Hoheit über die Verwendung ihrer Daten verlieren würden. Auch, weil der Wert der Daten aktuell schwer einzuschätzen ist.

DriveNow und Car2Go: Eigenbau statt Ecosystem
Ein erstes positives Zeichen einer wirtschaftlich und strategisch notwendigen Kooperation klassischer Wettbewerber setzt hier die Fusion der Car-Sharing-Anbieter von BMW und Daimler (DriveNow und Car2Go, heute Share Now). Auch die Deutsche Bahn hat ihre Wertschöpfungskette durch Bike-, Car-Sharing-Angebote und Shuttle-Services bereits verlängert. Allerdings geschieht dies hauptsächlich im Verbund mit eigenen Institutionen, anstatt mit Partnern anderer Ecosysteme. Sehr zu begrüßen sind die ersten Anzeichen der deutschen Mobilitätsanbieter, dass über eine gemeinsame Lösung diskutiert wird.

Mit der Digitalisierung werden nicht nur die Elektromobilität und das automatisierte und vernetzte Fahren, sondern sogar das autonome Fahren erst ermöglicht. Die Automobilindustrie und ihre Partner kommen somit in die Lage, neuartige Angebote für die Mobilität der Zukunft zu entwickeln und ihre wirtschaftliche Leitrolle zu erhalten. Auch dem ÖPNV ergeben sich durch die Technologien des hochautomatisierten bzw. autonomen Fahrens neue Möglichkeiten. Er kann das bestehende Angebot, insbesondere in Stadtrandbereichen und wenig bevölkerten Gebieten, erweitern und optimieren und somit die Daseinsvorsorge innerhalb der Stadt für Bürger und Bürgerinnen verbessern.

Eine Zusammenarbeit im Ecosystem über Softwareschnittstellen versetzt die Unternehmen in die Lage, attraktive Nutzerdienste von Partnern anzubieten, Allianzen für globaler Relevanz zu etablieren, Lieferketten besser zu nutzen und das Angebot von „Ownershipmodel" um Mobility Services zu ergänzen. Im Sinne einer „Spezialkompetenz" muss Deutschland die Informations- bzw. Cybersicherheit im Umfeld des automatisierten und vernetzten Fahrens als Schlüsseltechnologie begreifen und diesen Leitmarkt führend besetzen. Im Hinblick auf Innovationsmodelle und Innovationszyklen meinen wir: Ein zu langes Beobachten der Marktentwicklung ist falsch. Produktaustausch erfolgt durch Updates.

Woher die Skepsis kommt

Die Mobilitätsbranche macht vor, was geht. Dennoch bleiben wir noch ein wenig bei der in der Überschrift zu diesem Kapitel formulierten These der großen Skepsis. Denn die Kooperation, um die es in unserer Betrachtung geht, ist keine Projektkooperation, sondern eine unternehmerische Kooperation. Das Ziel: Gemeinsam unternehmerisch agieren – über Organisationsgrenzen hinweg. Die meisten Mittelständler meinen: Das geht dann doch ein wenig zu weit.

Woher die Skepsis kommt, hat Michael Henke schon 2010 in seinem Buch „Strategische Kooperationen im Mittelstand: Potentiale des Coopetition-Konzeptes für kleine und mittlere Unternehmen (KMU)" herausgearbeitet. Er sieht drei wesentliche Gründe für die Skepsis von KMU gegenüber Kooperationen:

- Das traditionelle, unternehmerische Selbstverständnis,
- die abschreckende Wirkung gescheiterter Kooperationen und
- die unzureichende, strategische Ausrichtung vieler KMU.

Das Kunstwort, das die unternehmerische Kooperation ein wenig zuspitzt und aus unserer Sicht auch besser beschreibt, ist Coopetition. Die Formel geht so: Cooperation + Competition = Coopetition. Dieses Konzept beschreibt zunächst das Verhältnis und Verhalten von Unternehmen zueinander. Zum einen stehen sie in direkter Konkurrenz, zum anderen kooperieren sie. Die Großen der Industrie sind längst coopetitive aktiv. Beim Thema Mobilität, siehe oben, oder im Bereich der Navigationssoftware „Here" und in Teilbereichen des autonomen Fahrens sind Nutzen und Notwendigkeit evident und zwingend.

„**Netzwerk schlägt Highlander. Es wird nicht nur einen geben.**"

Selbstverständnis: „Wir sind besser."

Diese Entwicklung hin zu neuen Kooperationen ist umso bemerkenswerter, als über fast die gesamte, bis zu 125-jährige Geschichte der Automobilkonzerne die Konkurrenz – also die Competition – zwischen den drei Premiumplayern dominant war. Die Denke dahinter: besser sein als der andere. Das Prinzip: den eigenen Anteil am bestehenden Markt vergrößern, den der Konkurrenten verkleinern. Beliebt: Die ewigen Strategie- und Zielmantras der Industrie „Wir sind, wir werden, wir bleiben … die Nummer 1". Bezeichnend auch die entsprechenden Feindbildkulturen zur Selbstmotivation: die Schwaben gegen die Münchner gegen die Ingolstädter. Später dann, als zu den Premiumsegmenten weitere hinzukamen, folgte die Abgrenzung und Konkurrenz zu den Wolfsburgern. Und diese Denke ist auch im Mittelstand stark verwurzelt. Besser sein, kompetitiver sein als der Wettbewerb, das hat zum Erfolg geführt. Die Steigerung von Effizienz und Qualität: Damit konnten sich Zulieferer im immer härter werdenden Wettbewerb um Aufträge der Top Tier oder OEM in der Branche durchsetzen oder manchmal auch nur über Wasser halten. Das prägt. Und das ist auch ein Teil dessen, was das traditionelle, unternehmerische Selbstverständnis ausmacht.

Die Nummer eins sein war eine gute Disposition über viele Jahre und Jahrzehnte, weil man damit absichern konnte, dass sowohl Finanzierung als auch Marktdurchdringungen gegeben waren. Das reicht heute nicht mehr. Aus einem einzelnen Unternehmen heraus kann man sich mit einem physischen Produkt am Weltmarkt heute kaum noch als Nummer eins behaupten.

Coopetition öffnet neue Horizonte. Sie ist von einer gänzlich anderen Denkschule und Weltsicht bzw. Handlungsmaxime geprägt. Michael Henke: „Für Coopetition ist es von besonderer Bedeutung, in Ergänzungen zu denken." Die Spieltheoretiker Barry Nalebuff und Adam Brandenburger beschreiben diese Denkart in ihrem Buch aus dem Jahr 1996 bereits sehr trefflich: „In Ergänzungen denken ist eine andere Denkungsart über das Geschäft. Es geht dabei darum, Wege zur Vergrößerung des Kuchens zu finden, statt nur mit Konkurrenten um einen Kuchen hingenommener Größe zu streiten." Im Übrigen waren es diese beiden Autoren, die den Begriff der Coopetition geprägt haben. 1996. Das ist also 24 Jahre her. Höchste Zeit, neue Geschäftsmodelle in der Praxis zu testen.

....

 **Plattformbasierte Kooperation heißt: Competition und Cooperation verbinden zu Coopetition.**

Altlasten:
Gescheiterte Kooperationen

Und jetzt müssen wir uns fragen: Wie weit ist dieser Ansatz im deutschen Mittelstand verbreitet? Ist er überhaupt bekannt? Reflektiert die Vielzahl an gescheiterten Kooperationen bereits eine Vielzahl gescheiterter Versuche von Coopetition? Wir vermuten, dass gerade das Fehlen der grundlegenden Denkart der Coopetition das Scheitern von Kooperationen gefördert hat.

Aus der Organisationsberatung wissen wir, dass redliche Absichten wie die gemeinsame Nutzung von Synergieeffekten in der Restrukturierung oder bei M&A oft gerade nicht daran scheitern, dass sie faktisch nicht möglich wären, sondern dass das Denken und die handlungsleitenden Wirklichkeitskonstrukte der Beteiligten das Vorhaben aktiv vereiteln. Letztlich ist es das Mindset, das Synergien verhindert – sogar dann, wenn durch Zusammenarbeit eine Win-Win-Situation für alle Beteiligten entstehen könnte. Der Kuchen also messbar größer würde.

Warum, fragen wir uns, kann sich ein auf Rationalität und Professionalität gründendes Mindset nicht gegen die in Konzernen etablierten Logiken der Macht und der Bürokratie durchsetzen? Womöglich, weil es um uralte Spiele geht: Nach wie vor dominieren schier übermächtige Einkaufsorganisationen das Geschäftsspiel. Sie prägen dieses Spiel mit den immer gleichen Regeln und Inszenierungen, die denen der alten, römischen Arenen erstaunlich ähnlich sind: Gladiatoren (Zulieferer) werden in einen Bieterkampf geschickt. Am Ende überlebt einer. Für die anderen bedeutet das Aus im Bieterkampf das unternehmerische Aus, zumindest eine existenzielle Bedrohung. Jene, die in der Arena gegen den Wettbewerb bestehen, haben noch keinen Grund, sich allzu sehr zu freuen. Sie haben wohl gegen ihren Mitstreiter gewonnen, sich das Stück Kuchen erkämpft. Nun sehen sie sich um die Größe des Kuchenstücks weiterkämpfen. In der Arena war es die Daumenentscheidung über Leben oder Tod des siegreichen Gladiators. In der Einkaufsverhandlung ist es der Kampf zwischen Marge oder mit Verlust erkauftem Umsatz. Wer diese Spiele über Jahrzehnte mitgespielt hat, überstanden hat und darin sogar gewachsen ist, der weiß aus Erfahrung: Der Kuchen wird nie größer. So bestätigt das sich jeglicher Kooperation verweigernde Mindset Jahr um Jahr.

Vernetzen? „Wir doch nicht..."
Diesen Effekt kenne ich, Jürgen Margetich, auch aus der eigenen Unternehmerpraxis. Anfang der 2000er-Jahre war ich als Geschäftsführer mit Coopetition in Berührung gekommen. Mein Unternehmen war Teil eines internationalen

Start-ups der ersten Internetgründerszene. Der von Gartner damals beschriebene Markt war 11 Mrd. Dollar schwer mit starker Wachstumstendenz. Die Anzahl Anbieter in unserem Segment kleiner 100 weltweit, im deutschsprachigen Raum an den Fingern zweier Hände abzählbar, in unserer Liga waren wir zu zweit. Mir war damals schon klar: Um das auch den Investoren versprochene Potenzial zu heben, braucht es neben der guten Aufstellung des eigenen Unternehmens ein anderes Zusammenspiel in der Branche. Zu groß waren die technologischen Herausforderungen für einen Einzelkämpfer, zu anspruchsvoll die Marktentwicklung. Coopetition auch und gerade im damaligen Spitzenfeld der Anbieter wäre für mich ein Ansatz gewesen. Doch für meine Mitstreiter? Ein No-Go.

Und auch in der Beraterszene, in der ich die letzten 20 Jahre aktiv war, habe ich die Zurückhaltung gegenüber Coopetition erlebt. Ich habe mit einer Handvoll anderer Beratungsunternehmen und Kunden zwar diese Ansätze gut und erfolgreich umgesetzt, im Großen und Ganzen allerdings keine Bereitschaft für Coopetition gefunden oder auch nur beobachten können. Nicht nur die Hersteller, sondern auch die Einkaufsorganisationen sehen hier weniger Potenzial und Wachstum für den eigenen Nutzen, sondern fürchten sich davor, dass jemand Ihnen vom Kuchenstück abbeißt. Kooperationen werden nur dann eingegangen, wenn diese den Zugang zum Kuchen überhaupt ermöglichen. Dazu ein Beispiel aus meiner Beratungspraxis:

New Work? „Leider undenkbar..."
In einem aktuellen Beratungsmandat ging es um die Transformation eines Unternehmens der Telekommunikationsbranche in Richtung „New Work". Die Transformation umfasste Themen von der Arbeitsmethodik über die Infrastruktur, die Gestaltung der Büroräumlichkeiten und reichte bis ins Operating Model der Organisation. Das Bild, das in diesem Zusammenhang auch hier bemüht wurde: Es braucht das gelungene Zusammenspiel vieler Disziplinen und Expertisen, um den Tanker zu wenden, und in Schnellboote zu transformieren.

Unsere Initiative als führende Beratung bestand darin, möglichst viele Aspekte miteinander zu vernetzen. Sowohl auf Kundenseite als auch auf Beraterseite. Die Vision dahinter: das Transformations-Ecosystem. Denn es ist ganz klar: „No silver bullet does the job."

Die Idee war anfänglich auch im Management gut aufgenommen worden. Bis die Spezialisten der Verwaltung aktiv wurden, alles fein säuberlich in Einzelprojekte auftrennten, entkoppelten, jedes für sich managebar machten und die Unternehmensinteressen grundsätzlich zu wahren. Allerdings fehlte der

Sachverstand zum Thema New Work und es fehlte der unternehmerische Gesamtblick – den eine Verwaltung ihrer eigenen Logik nach zwar nicht haben muss, der aber dennoch hilfreich gewesen wäre. Dem grundlegenden Unverständnis für die Sache folgte die gelernte Angst vor möglicher Übervorteilung durch Dienstleister und eine ebenso gelernte Notwehrreaktion: die Zündung kommunikativer Nebelkerzen.

Auf der anderen Seite hatten andere im gleichen Konzern tätige Beratungshäuser weder Verständnis, noch Kompetenz und auch keine Kapazitäten, sich auf einen coopetitiven Ansatz zum Wohle des Kunden einzulassen. Zu schnell waren Protektionismus und Egotrips (für die die Branche prädestiniert ist) am Werk und verhinderten Arbeit im Sinne des Kundenunternehmens. Einzelprojekte und Initiativen gab es viele. Durchschlagskraft und Integrationstiefe blieben allerdings weit hinter den Möglichkeiten zurück. So mancher im Top-Management stöhnte über diese Selbstverhinderung, gegen die auch Goodwill und gute Intentionen nicht ankamen.

Heute sehen wir, dass sich im Konzern einiges Richtung New Work durchsetzen konnte. Wesentliche Innovationen konnten sich allerdings nicht entfalten, und manches, das anfangs erfolgversprechend schien, ist längst einem reaktionären Geist gewichen.

Tief verwurzelte Routinen sind im Mittelstand nicht nur Garanten für Stärke. Für Innovationen – gleich, ob bei Produkten oder in Bezug auf das Unternehmen selbst – sind Routinen vor allem Bedrohung und allergrößtes Risiko. Die Routine der Verlustangst verhindert das Wachstum aller. Wir sagen: Wer in Shares denkt, bekommt Shares. Wer in Wachstum denkt, bekommt Wachstum.

Wer aber Wachstum und Innovation wagen will, braucht fundamental andere Herangehensweisen. Und diese entspringen vermutlich grundsätzlich anderen Betrachtungsweisen und Kooperationsprinzipien. Ein Angebot dazu ist gemeinsame Wertschöpfung auf einer gemeinsamen Plattform mit gemeinsamen Regeln und einer alle verbindenden Haltung.

Plattformbasierte Kooperation heißt: Mit gemeinsamer Wertschöpfung den Kuchen nicht nur für die Anbieter vergrößern, sondern auch für den Kunden.

Strategien?
Nichts, was nach vorne führt.

Die unzureichende, strategische Ausrichtung vieler KMU wirkt vermutlich ähnlich negativ wie das Selbstverständnis als Einzelkämpfer und die erlebten Geschichten missglückter Kooperationen. Dabei ist nicht einmal gemeint, dass KMU gar keine Strategien in der Schublade hätten. Viele haben Strategien, allerdings mit wenig tauglichen Zielen.

In einer Studie der Wiener Unternehmensberatung Kreutzerfischerpartner aus dem Jahr 2014 mit über 800 Unternehmen aus dem deutschen und österreichischen Mittelstand lernen wir: „Die (...) verfolgte Strategie setzt in 41 Prozent der Fälle auf die Absicherung bestehender Märkte, 22 Prozent setzen auf Expansion". Und laut dieser Erhebung fokussieren 60 Prozent der Strategien auf die Verbesserung der Rendite. Dieser Trend hat sich aufgrund zunehmend anspruchsvoller Finanzierungsbedingungen (Basel III, um hier nur einen Faktor zu nennen) noch weiter verstärkt.

Auch lässt sich eine immer kürzere, zeitliche Ausrichtung strategischer Konzeptionen feststellen. Der Treiber hierzu sind die volatiler empfundenen und tatsächlich gewordenen Marktbedingungen, die erwarteten und befürchteten negativen Effekte der Digitalisierung und die härteren Bedingungen in den Absatzmärkten. Bisweilen auch: Zockermentalität. Nicht unbedingt im Mittelstand selbst, aber bei den beteiligten Investoren.

Und noch ein pikantes Detail dieser Erhebung: 77 Prozent der Mittelständler bauen ihre Unternehmensstrategie auf produkt- oder prozessbezogenen Differenzierungsvorteilen auf. Einer näheren Betrachtung und Vergleich hielten diese aber laut den Autoren gar nicht stand. Das erinnert Sie an die oben beschriebene Arena? Stimmt genau. Und es sieht nicht gut aus für die Protagonisten in diesem Spiel.

Alles in allem kann man attestieren, dass der Mittelstand in weiten Teilen strategisch defensiv agiert. Ziel ist Bestandswahrung, bestenfalls geht es darum, das aktuelle oder tradierte Geschäftsmodell über Wasser zu halten. Und das ist eben nicht nur von außen, sondern auch ganz massiv von innen her bedroht.

Vielleicht denken Sie: „Das war 2014. Heute stehen wir schon woanders." Nun, das haben wir in unseren Recherchen auch gehofft. Und wir haben es uns gewünscht. Haben dann aber gefunden, dass nicht einmal die Hälfte der KMU kooperieren. Vielleicht könnte man auch sagen: Immerhin fast die Hälfte. Es werden zwangsläufig mehr werden. Warum wir da so sicher sind? Weil Mittelständler mit dem Rücken derartig an der Wand stehen, dass sie nur noch eine Wahl haben. Aufgeben, oder endlich erkennen: Der Kunde pfeift auf minimale Produktvorteile und ist immun gegen homöopathisch dosierte Prozessoptimierungen. Er will Nutzen.

Plattformbasierte Kooperation heißt: Schluss mit dem Spiel aus der Defensive. Es braucht neue Spielstrategien – für den Kunden.

Vom Familientisch zum Co-Workingspace

Warum wir so sicher sind, dass Smart Platform Companies DIE Antwort auf die drängendsten Fragen des Mittelstands sind? Eine lapidare Antwort könnte lauten: „Weil es in der Natur der Sache – in den Geschäftsmodellen der Zukunft liegt." Das ist dann der Fall, wenn wir unterstellen, dass die Geschäftsmodelle der Zukunft wesentlich und in Teilen ausschließlich digital sind, ganz gleich, aus welcher Domain und Vergangenheit Unternehmen kommen. Das, was wir in der Praxis erleben, läuft genau in diese Richtung:

Einer von Jürgen Margetichs Kunden brachte es in Vorbereitung eines Strategieprozesses so auf den Punkt: „Unsere Produkte sind dumm und werden es auch in Zukunft sein". Damit gemeint ist der zumindest aus heutiger Sicht unvorstellbare Ansatz einer Digitalisierung dieser Komponente. Gummidichtungen, um ein griffiges Beispiel zu nennen, sind eben Gummidichtungen, smarter wird es nicht.

Smarte Strategien für dumme Produkte

Was dieser Kunde allerdings verstanden hat: dass sein Geschäftsmodell mit den „dummen Produkten" sich digitalisieren und dementsprechend weiterentwickeln wird. Und dass er auf dieser Ebene weiterdenken muss: Wie muss sich Strategie wandeln und weiterentwickeln? Muss er sich sogar ganz neu orientieren? Nicht die Gummidichtung wird digital, es ist das Umfeld seines Produktes, das radikal und mit enormer Geschwindigkeit digitalisiert wird.

Noch einmal: Digitalisierung betrifft in diesem Fall und in vielen anderen Fällen nicht das eigentliche Produkt, auch nicht die weitergetriebene digitale Automatisierung der Kernprozesse, sondern das Geschäftsmodell und das Unternehmen im Ganzen, vor allem auch in der Gestaltung und im Leben in den Außenbezügen. Kurz: in Bezug auf den Kunden.

Das heißt für die Praxis: Die eigene Wertschöpfung wird noch radikaler und mit mehr Wechselwirkung in jene von Partnern, Peers und Kunden wie Zulieferern integriert. Ein Beispiel hierfür ist das Lieferkettenmanagement und Monitoring in der Automobilindustrie, das dank Digitaltechnologie über nahezu alle Stufen hinweg Transparenz schafft und damit Steuerung ermöglicht.

So besehen bedeutet die Digitalisierung von Geschäftsmodellen auch eine teilweise Entgrenzung der Unternehmen hin in eine Teilnahme, mehr noch Teilhabe an digitalen Wertschöpfungs- bzw. Ecosystemen. Um es plastisch auszudrücken. Waren Mittelständler in der Vergangenheit den Familientisch gewohnt, an dem man unter sich war, so finden sie sich heute in einer Wohngemeinschaft wieder – moderner gedacht: im Co-Workingspace. Beides intime Räume, in denen man sich sehr nahekommt. Der Unterschied: Einmal ist es die eigene Familie mit klarer Rangordnung und vertrauten Wertvorstellungen. Das andere Mal sind es mehr oder minder Fremde, wechselnde Konstellationen, Interessen und Machtverhältnisse. Das muss man zunächst verkraften.

Und man muss dieses Spiel und seine Regeln und Möglichkeiten lernen. Erfolgreiche Geschäftsmodelle der Zukunft bauen wesentlich auf der eigenen Fähigkeit der vernetzten – coopetitiven – Unternehmensform und Wertschöpfungsgestaltung auf. Das bedeutet nicht, die eigene Identität und Besonderheit aufzugeben. Was es aber sehr wohl bedeutet: In der eigenen Strategie mehr auf den Beitrag in das Ecosystem zu setzen. Also auf das Netzwerk, in dem wir agieren, und auf dessen Wachstum. Statt auf eine kaum mehr wahrnehmbare Differenzierungsfähigkeit, wie wir sie oben beschrieben haben.

Die grundlegende Denkart ist hier jene der Coopetition. Dazu braucht es ausgehend von Aufsichtsräten, Eigentümern bis hin in die Führung der Unternehmen eine neu zu etablierende Kultur und Sichtweise. Ein neues Mindset. Dazu gehört:

- **Kreativität als zentraler Erfolgstreiber.**
Diese lebt durch Impulse und Vielfalt auf. Je angereicherter und offener sie gelebt wird, desto „wertschöpfender" wirkt sie. Sperren Sie Kreativität in der Unternehmensgrenzen und internen Zirkeln ein, dann limitieren Sie diese. Ermöglichen Sie ihr aber freie Entfaltung und Austausch, dann wird die Ernte reich sein. Mehr Kreativität kostet nicht mehr Geld, sondern mehr Haltung und Offenheit und Mut.

- **Wissen – der Treibstoff des digitalen Unternehmens.**
Ähnlich der Kreativität mehrt sich Wissen aus der Öffnung und dem Diskurs und entwertet mit zunehmender Isolation. Wie wollen Sie mit dem begrenzten Wissen im eigenen Unternehmen der komplexen weitverzweigten Struktur digitaler Ecosysteme beikommen? Leben sie das Prinzip der Komplementarität.

- **Application-Programming-Interfache (API) – der Bauplan für das Unternehmen der Zukunft.**
APIs sind Schnittstellen. Was diese neuen Schnittstellen so besonders macht, ist, dass sie nach außen hin offen sein können. Sie entsprechen bestimmten Standards und ermöglichen fremden Systemen gezielten Zugriff auf bestimmte Informationen bzw. Funktionen. Und das nahezu ohne manuellen Eingriff. Bauen Sie ihre Struktur (Organisation, Kommunikation, Recht, Governance) so um, dass sie das Außen so behandeln kann, wie das Innen. Und das bei Wahrung aller Schutzbedürfnisse. Das sind die erfolgsentscheidenden Aspekte gemeinsamer Wertschöpfung. Wo ist hier der Aspekt Technologie, fragen Sie? Ist Digitalisierung nicht eine Frage

dieser Domain? Ja: Sie ist auch eine Frage von Technologie. Aber, und das wird oft nicht verstanden: Erfolg in gemeinsamen Wertschöpfungs-Companies ist vorrangig eine Frage des Mindsets, eine soziologische Umgestaltung, eine Veränderung der Kommunikationen.

Das Mindset macht den Unterschied

Es geht also um eine Veränderung des Selbstbildes, es geht um eine neue Idee der Selbstwirksamkeit. Sich als Unternehmer für die Zukunft gut aufstellen, bedeutet, sich selbst in der gewohnten Stärke in Frage zu stellen, und sich neu zu denken. Was ist es denn, was das eigene Unternehmen ausmacht? Ist es das CI? Das Firmengebäude? Die Maschinen? Oder ist es nicht vielmehr... die Idee dahinter?

Wir meinen: Gerade in der Krise ist es eine sehr gute Idee, an den Anfang allen Unternehmens zurückzugehen – die Unternehmung und das Wagnis. Am Anfang war nichts als die Idee, vielleicht das Erkennen eines Problems, das gelöst werden wollte. Und aus dem schieren Willen, das daraus entspringende Potenzial für sich zu realisieren, sind Unternehmer geworden. Und daraus sind Mittel und Märkte erwachsen.

Der Schritt in gemeinsame Wertschöpfung hinein kann auch bedeuten, sich als Unternehmer bewusst einen Ort, vielleicht auch ein eigenes, neues Unternehmen zu schaffen, mit dem bestehende Geschäftsmodelle angegriffen und infrage gestellt werden können. In der Ambidextrie, einem Konzept der Unternehmensentwicklung (Fojik 2015), sprechen wir von „Exploitation" also dem Optimieren des bestehenden Geschäfts auf der einen und „Exploration", dem neu finden und Bauen von Geschäftsmodellen. Als Unternehmer müssen wir uns immer wieder auf dieses Neue einlassen. Und das so mutig und radikal wie am Anfang unseres Unternehmertums. Mit und trotz aller Erfahrung, die wir gesammelt haben.

....

Plattformbasierte Kooperation heißt: Raus aus der Enge des Familienunternehmens, rein in das Abenteuer der Kooperation und damit zurück zur unternehmerischen Haltung.

„Unternehmen können keinen Strategiewechsel vollziehen, ohne die traditionellen Werte anzugreifen."

Fazit Kapitel 1.4

Unternehmerische Kooperation: Ein neuer Rahmen, neue Spielregeln und eine neue Haltung

Zeit für
Smart Platform
Companies

© dmp 2020

- Weniger als die Hälfte der Mittelständler kooperieren innerhalb der eigenen Branche oder über Branchengrenzen hinweg. Hier wird viel Potenzial verschenkt. Es ist höchste Zeit, überkommene Skepsis gegenüber Kooperationen einzutauschen gegen eine neue Haltung: Coopetition.

- Etliche Mittelständler sind mit Kooperationen bereits gescheitert. Das heißt aber nicht, dass sie grundsätzlich nicht möglich sind. Vielmehr heißt es, dass es eine neue Haltung braucht und neue Spielregeln. Damit wird der Kuchen für alle größer: für die kooperierenden Unternehmen und für den Kunden.

- Defensives Festhalten an produkt- oder prozessorientiertem Denken verbaut zukunftsfähige Strategien für den Kunden. Der Kunde wünscht sich Nutzen. Dieser Wunsch nach Nutzen lässt sich über Kooperationen zumeist besser, schneller und effektiver erfüllen als aus der Position des Einzelkämpfers.

- Die Zeit der Patriarchen am Familientisch ist zu Ende. Die Zukunft wird vielmehr in offenen Co-Workingspaces gestaltet, in wechselnden Konstellationen. Erfolgsentscheidend ist nicht mehr unternehmerische Macht, sondern unternehmerische Haltung.

Damit haben wir den dritten Hintergrund für unseren Praxisteil:
Entity Design: Den richtigen Rahmen setzen

Kooperierenden Unternehmen brauchen gemeinsame Regeln, einen definierten Rahmen und eine gemeinsame Haltung, um produktiv werden können. Es ist unserer Erfahrung nach weder sinnvoll noch überhaupt möglich, traditionelle, patriarchal geführte „Familientische" in den Kooperationsmodus zu bringen. Erfolgreich ist dagegen der Umzug einzelner Komponenten in einen, neuen, gemeinsam gegründeten Co-Workingspace.

Bevor wir nun zum Praxisteil kommen, lassen Sie uns die gewonnen Erkenntnisse dieses ersten Kapitels noch einmal zusammenfassen

Kapitel 1

Fazit

Der Mittelstand ist unter Druck. Corona ist ein Brandbeschleuniger, aber nicht die Ursache. Digitalisierung, wie wir sie heute denken und betreiben, bringt da auch keinen Ausweg. Mitunter verschlimmbessert sie nur die Ausgangslage. Viele mittelständische Unternehmen sehen sich gerne als digitale Vorreiter. Gleichzeitig deuten Analysen auf einen enormen Digitalisierungsrückstand. Die Erfolgsrezepte der Vergangenheit sind nicht jene, die in die Zukunft führen.

Der Status quo ist besorgniserregend. Der Mittelstand ist angezählt. Das gilt natürlich nicht für alle mittelständischen Unternehmen. Aber es gilt für eine grosse Zahl der KMU in Deutschland und Österreich, auch wenn sie es selbst nicht so sehen wollten. Die jeweilige Eigenwahrnehmung muss im Sinne des „linear (eskalierenden) Commitments", einer der häufigsten Selbsttäuschungen, denen wir regelmäßig zu unterliegen scheinen, angezweifelt werden.

Das plattformbasierte Unternehmer-Netzwerk ist die Break-Chance, die mittelständische Unternehmen aus dem Dilemma herausführen kann. Dieser Chance stehen allerdings Vorbehalte und Ungewissheit im Weg. Wie so oft scheint das unternehmerische Mindset ein Schlüssel zu sein.

Es ist eine insgesamt eine ernüchternde Eröffnungsbilanz, die wir hier dem Mittelstand gelegt haben. Ist der Mittelstand also ein Fall für die Sanierungsberatung? Unser Statement: nein.

Wir sehen sogar große Chancen und Potenziale in der gegenwärtigen Situation und aus dem Mittelstand erwachsen. Diese liegen nicht innerhalb der Unternehmen im Bereich der inkrementellen Verbesserung und etwaigen Digitalisierungsbemühungen. Die Potenziale sehen wir innerhalb der mittelständischen Unternehmerschaft. Der Schlüssel zur Zukunft mittelständischer Unternehmen sind die Unternehmerinnen und Unternehmer, die sich jetzt auf neue, digitale Modelle der Zusammenarbeit einlassen.

Im Folgenden sprechen wir eine unternehmerische Einladung aus. Die Einladung, an den Ursprung des Unternehmertums zu gehen, den eigenen Gründergeist zu beleben, Mut zu fassen und sich frei vom eigenen Erfolg (der Vergangenheit) zu machen, von den Verpflichtungen und der Last der Verantwortung und neu zu gründen. Mit Partnern zu gründen. Eine neue Welt zu beschreiten. Sozusagen der Greenfield-Approach im Kopf.

Wir laden Sie ein zum Comeback der Hidden Champions.

Kapitel 2.0

Transformation zum Digital Leader

Comeback? Waren sie denn verschwunden, die Hidden Champions? Unternehmerfreunde hatten uns im Zuge der Recherchen zu unserem Buch auch schon mal hingeworfen, dass sie natürlich noch da sind. Dass sie alles andere als Probleme haben und auch keine gröberen Schwierigkeiten erwarten. Die Auftragsbücher seien voll, man leide lediglich unter Fachkräftemangel. Und so weiter ... Beim Benchmark mit der Digitalwirtschaft allerdings tritt in diesen Gesprächen jedes Mal Ernüchterung ein. Letztlich gesteht man sich ein, dort gar nicht mitzuspielen. Und eigentlich auch nicht dafür gerüstet zu sein. Dann geht der Blick über den Atlantik, zu den Giganten. Und dorthin blickend drängt sich der Eindruck auf, dass man besser erst gar nicht antritt. Wir lenken dann den Blick zurück nach Europa. Wir schauen auf die Stärken. Zum Beispiel sind es europäische Industrie-Spezialisten im Bereich IoT (Internet of Things), die weltweit gefragt sind und deren Produkte und Services für gutes Geld in die USA exportiert werden. Der Mittelstand in Deutschland und Österreich hat durchaus Potenzial. Wie sich das Potenzial zur eigenen unternehmerischen Chance entwickeln lässt, zeigen wir hier auf. Es ist ein aktivierender, inspirierender und energetisierender Prozess, der viel Freude macht. Woher wir das wissen? Weil wir ihn gerade selbst gehen.

In diesem Praxisteil führen wir die Schritte aus, die wir im ersten Teil eingeführt hatten:

- **Strategische Disposition:** Vom Produkt zum Nutzen,
- **Business Architektur:** Geschäftsmodelle neu denken,
- **Entity Design:** Den richtigen Rahmen setzen.
- Um unser viertes Thema – **Value Merge**: Gemeinsam Werte schöpfen – geht es dann im abschließenden Kapitel 3.0.

Zu jedem Punkt werden wir drei Aspekte vorstellen: das erfolgsentscheidende Mindset, mögliche B2B-Geschäftsmodelle und praxiserprobte Methoden auf dem Weg zur Smart Platform Company.

Kapitel 2.1

Strategische Disposition:

Vom Produkt zum Nutzen

Als Tesla das erste Modell auf den europäischen Markt brachte, machten sich Ingenieure daran, dieses Fahrzeug genauer zu untersuchen. Und, siehe da: Das „Spaltmaß", also der Abstand zwischen zwei benachbarten Bauteilen, war weit entfernt von dem Spaltmaß deutscher Fahrzeuge. Weil geringe Spaltmaße an Türen oder Haubendeckeln hierzulande als wichtiges Qualitätsmerkmal gelten, stand das Urteil schnell fest: Tesla verfügt offenbar nicht über das Know-how zum Entwickeln eines Fahrzeugs. Dass Tesla scheitern würde? Nur eine Frage der Zeit – so die Perspektive der deutschen Ingenieure.

Dann nahmen japanische Ingenieure ein aktuelles Tesla Model 3 auseinander. Ergebnis: Die von Tesla verbaute zentrale Schalt- und Rechenkomponente ist derartig leistungsstark, dass sie möglicherweise schon jetzt autonomes Fahren und künstliche Intelligenz beherrscht. Tesla ist mit diesen Komponenten der restlichen Autoindustrie vermutlich bis zu sechs Jahre voraus.

Wie wirken sich nun Spaltmaß und Rechenkomponente auf Teslas Erfolg aus? Null! Es ist dem Kunden schlicht und ergreifend egal, was Ingenieure denken. Die meisten wissen nicht einmal, was ein Spaltmaß ist. Es ist Ihnen auch gleichgültig, wie die Rechenkomponente aussieht und wo sie sitzt. Was Kunden wollen, ist ein Auto, das mehr kann als andere Autos und einen erheblichen Coolness-Faktor mitbringt. Was Kunden wollen, ist Nutzen: Sie wollen sich ins Auto setzen, ein gutes Fahrgefühl genießen und hochwertiges Entertainment. Also haben sie von Tesla einen großen Bildschirm bekommen – statt „Vorsprung durch Technik".

Damit dreht sich die Perspektive um: Das Auto der Zukunft wird nicht mehr von außen nach innen entwickelt, sondern von innen nach außen. Im Vordergrund stehen der Innenraum und die digitale Vernetzung. Das, was für den Fahrer konkret wahrnehmbar ist. Damit dreht sich auch die Sichtweise um: Weg von der Ingenieurkunst mit ihrem 120-Prozent-Perfektionsanspruch, hin zur Trial-and-Error-Methode der Software-Entwickler, die mit einem Entwicklungsstand von 80 Prozent schon zufrieden sind, weil sie in schnellen Updates denken, statt in langsamen Produktzyklen.

Exakt das entspricht den aktuellen Kundenwünschen. Für den Kunden ist das Auto längst entgrenzt. Es ist eine technische Komponente zwischen Smartphone, Eigenheim, Ladesäule und Parkplatz. Deshalb gilt es für Hersteller und

Zulieferer jetzt, das Auto nicht mehr mit dem Ziel der Optimierung zu betrachten, sondern grundlegend neu und ganz anders zu denken: als Teil eines umfassenden Konzepts von Arbeit, Mobilität, Unterhaltung. Und, wenn man das Auto weiterdenkt als mobile Batterie für das Eigenheim, auch als Teil der individuellen Energieversorgung.

In Zukunft wird der Kernprozess der technischen Produktentwicklung nicht mehr an erster Stelle stehen. An erste Stelle rücken die Bedürfnisse des Kunden. Und wenn sich diese besser im Verbund mit Partnern erfüllen lassen, dann stehen die Zeichen auf Unternehmerseite eben auf Kooperation. Auf Kundenseite ist neben den Wunsch nach Vernetzung noch ein weiterer Wunsch getreten: der Wunsch nach mehr Nutzen – statt nach mehr Besitz.

Mindset:
Kunden mit Services binden
und begeistern

War es bisher selbstverständlich, Produkte und Güter zu kaufen und diese zu besitzen, wird es heute zunehmend beliebter, diese nicht mehr zu kaufen, sondern flexibel entsprechend dem Bedarf zu nutzen. Bisher sind diese Modelle überwiegend für Verbraucher bekannt und hier für schnelllebige Produkte, die sich durch einen hohen Unterhaltungswert auszeichnen (Musik, Filme, Software, Spiele), außerdem für hochpreisige, wartungsintensive Produkte mit hoher Bedeutung für den eigenen Lebensstil (Auto, Heizung). Dass dieses Nutzen-Paradigma für langlebige Produkte mit hohem Statuswert (Luxusuhren, Kunst, Immobilien) derzeit nicht gilt, soll an dieser Stelle nicht weiter stören. Es geht uns hier um die Nutzenperspektive auf Inhalte, Software und Produkte im B2C-, also Business-to-Consumer-Handel, und im nächsten Schritt dann im Bereich B2B.

Medienbibliothek für die Hosentasche

Statt eine CD oder eine DVD zu kaufen und diese mit speziellen Geräten abzuspielen, beziehen Kunden die gewünschte Musik und Filme heute längst über einen Streaminganbieter flexibel. Per Smartphone. Für die Anwender ist der zeit- und ortsunabhängige Zugriff auf Musik und Filme kostengünstig, komfortabel und genau an ihren Bedarf angepasst.

Netflix, Spotify, Amazon Music & Co.: Streamen statt Besitzen
Das von Scott Valley gegründete Unternehmen Netflix etablierte schon 1997 einen Abo basierten Flatrate Videodienst als Gegenmodell zum werbe- und gebührenfinanzierten Linear-TV. Diese Entwicklung setzte die traditionellen TV-Anbieter unter Druck, mit ähnlichen Angeboten nachzuziehen. Spotify gilt als Pionier, wenn es um Musik-Streaming geht. 85 Millionen Abonnenten nutzen heute die Spotify App. Statt für einen fixen Betrag eine CD oder einen Film zu kaufen, nutzen die Kunden der Streaming-Anbieter lieber eine riesige Bibliothek auf Abruf.

Dieses veränderte Kundenverhalten stellt für die Unternehmen eine große Veränderung zum traditionellen Business dar. Zwar zahlen die Kunden für „SaaS" (Software as a Service) oder „PaaS" (Product as a Service) gutes Geld, allerdings bedeutet es auch, dass mehr Risiko bei den Unternehmen liegt und eine erhöhte Kapitalbindung erforderlich ist. Viele Unternehmen müssen ihre Prozesse umstellen und Risiken anders managen als zuvor. Hier können etablierte Unternehmen des produzierenden Gewerbes viel von Versicherungsanbietern lernen. Versicherungen haben gelernt, Risiken zu managen. Vielleicht ein Grund dafür, dass es dieser Branche aktuell so blendend geht.

Abomodelle sind wahrscheinlich nirgends so stark verbreitet, wie in der digitalen Konsumwelt. Netflix ist vermutlich der bekannteste, aber auch Spotify und Amazon Prime sind stark gewachsen. Auch die Spieleindustrie setzt mittlerweile immer mehr auf Abos. Hier wird das Modell für einzelne Spiele, z. B. „World of Warcraft", oder aber ein „Netflix-Modell" umgesetzt (z. B. PlayStationNow, Xbox Game Pass, Google Stadia). Auch Zeitungen und News-Seiten (z. B. New York Times, Süddeutsche Zeitung) stellen vermehrt auf Online-Abos um.

SaaS: Software as a Service

Vor gut zehn Jahren begannen die Softwarehersteller, ihre Programme via Cloud im Abo anzubieten. Das SaaS-Geschäft (Software as a Service) mit seinen derzeit rund 80 Milliarden Dollar Umsatz macht heute ein Drittel der globalen Softwareumsätze aus. Laut Marktforscher Gartner wächst es weiter um mehr als 20 Prozent pro Jahr. Zu den größten Anbietern gehören unter anderem Adobe und Salesforce. Doch eines der bekanntesten Beispiele für eine erfolgreiche Umstellung des Geschäftsmodells auf SaaS ist Microsoft. 2014 wurde Satya Nadella CEO des Unternehmens. Er nahm seine Verantwortung sehr ernst und stellte von Anfang an klar, dass er eine Transformation des Unternehmens anstrebt, angefangen mit der Unternehmenskultur.

Microsoft: Viel mehr als „Windows"
Das Unternehmen Microsoft, das vor allem durch den Verkauf und die Lizenzierung von Software (u. a. Microsoft Office, oder das Betriebssystem Windows) stark gewachsen war, stand vor einer Mammutaufgabe. Neben der Veränderung der internen Unternehmenskultur weg vom Konkurrenzgedanken unter den Abteilungen, hin zu einem Teamgedanken, in dem Innovationen wieder möglich sind, veränderte Microsoft auch seinen Umgang mit anderen Unternehmen.

Vor Nadella stand Microsoft in Konkurrenz zu Unternehmen wie Apple, Samsung, Salesforce und vielen anderen. Nadella ging jedoch, ganz anders als seine Vorgänger, auf diese Unternehmen zu und suchte die Kooperation. So wurden zum Beispiel Microsofts Apps für iOS und Android verfügbar und Linux-Apps im Microsoft-Store gelistet. 2017 wurde Microsoft der größte Open-Source-Code-Beiträger der Welt. Der Kauf der Open-Source-Plattform GitHub für $7,5 Mrd. im Jahr 2018 war der logische nächste Schritt.

Das Unternehmen investierte außerdem in seine AI- und Cloud-Produkte. Mittlerweile gehören die Cloud- und SaaS-Produkte zu Microsofts am schnellsten wachsenden Sparten und bescheren dem Unternehmen Milliardenumsätze Microsoft Azure ist beispielsweise Mitte 2019 im Vergleich zum Vorjahr um 64 Prozent gestiegen, Dynamics 365 um 45 Prozent und Office 365 Commercial um 31 Prozent. Auch die Börse gibt Nadella recht: Als er seinen Posten 2014 übernahm, hatte Microsoft einen Marktwert von ca. $300 Mrd; heute liegt er bei etwa $1,6 Billionen (Stand: Juli 2020). (Ashley/Shana 2020, Vaz 2019)

Mit Nadella an der Spitze gelang es Microsoft innerhalb weniger Jahre, von einem stagnierenden und in der Bedeutungslosigkeit versinkenden Riesen des 20. Jahrhunderts zu einem der größten Player des 21. Jahrhunderts aufzusteigen.

Das Software-Unternehmen Zuora, das sich speziell auf Software für das Einrichten und Verwalten von Subscription-Services für Unternehmen spezialisiert hat, erstellt halbjährlich den sogenannten Subscription Economy Index (SEI). Anhand dieses Index fand das Unternehmen Anfang 2020 heraus, dass Unternehmen, die Abomodelle anbieten, etwa fünfmal so schnell wachsen, als der Durchschnitt der Unternehmen des S&P 500 (18,2 Prozent vs. 3,6 Prozent) und der U.S. Retail Sales (18,2 Prozent vs. 3,7 Prozent). Der globale SaaS-Markt hat 2020 eine Größe von $158,2 Mrd. erreicht. Laut Prognosen wird er bis 2026 eine Größe von $307,3 Mrd. erreicht haben.

Der Erfolg der Abomodelle führt sowohl an der Börse als auch unter Unternehmern zu Euphorie. Tien Tzuo, der Gründer von Zuora, bezeichnet die neue Ökonomie als „Zukunft für jedes Unternehmen" (Müller 2019) und er könnte recht behalten. Der Trend der letzten Jahre ist unverkennbar. Was die Tech-Unternehmen vorgemacht haben und immer noch vormachen, kommt mittlerweile auch verstärkt in der Industrie und selbst im Einzelhandel an (Blacksocks SA bietet beispielsweise Socken, T-Shirts, Hemden und Unterhosen im Abo an).

PaaS: Produkte als Service vom Porsche bis zur Zentralheizung

Die Automobilindustrie arbeitet bereits seit Längerem an Geschäftsmodellen, bei denen Mobilität als Service angeboten wird. Der Grund: Immer mehr Menschen wollen nicht mehr zwangsläufig ein Auto besitzen. Als Statussymbol hat es ausgedient, die Haltung kostet Geld und Parkplätze sind in den Städten meist rar gesät oder sehr teuer zur Miete, hinzu kommt bei vielen Leuten der Umweltgedanke. Gerade junge Leute in den Städten verzichten also oftmals darauf, ein Auto zu kaufen.

Diese Entwicklung führte dazu, dass immer mehr Carsharing-Anbieter auf den Markt drängten. Sie setzen darauf, dass die Leute zwar kein eigenes Auto wollen, aber hin und wieder doch eines benötigen, dann aber nicht unbedingt zu einem Autovermieter gehen möchten. Carsharing bietet hier die optimale Lösung: Kunden buchen jederzeit per App ein Auto, das in ihrer Umgebung geparkt ist, verwenden es dann für ihre Zwecke und stellen es später wieder ab. Sie haben also den vollen Nutzen, ohne die Nachteile in Kauf nehmen zu müssen. Ergebnis: ein echter Mehrwert.

Die Anbieter haben durch dieses Geschäftsmodell den Vorteil, auch solche Kunden zu gewinnen, die vielleicht niemals ein Auto beim Hersteller gekauft hätten, aber doch immer mal wieder eines buchen. Hinter diesem neuen Modell steht auf Unternehmerseite ein völlig neuer Gedanke: Entscheidend ist nicht mehr, wie viele Produkt-Einheiten vom Band laufen, sondern wie viele Zeiteinheiten verkauft werden.

Share Now: Carsharing-Kooperation der Automobilhersteller BMW und Daimler
Zwei der bekanntesten Carsharing-Anbieter in Deutschland sind BMW mit Drive Now und Daimler mit Car2Go. 2019 legten beide Anbieter ihre Dienste in einem Joint Venture mit dem Namen Your Now zusammen, um mit einer gemeinsamen Plattform mehr Kunden erreichen zu können und für beide Anbieter die Kosten zu senken. Die Zusammenlegung garantiert ihnen außerdem eine grös-

sere Wettbewerbsfähigkeit gegenüber anderen Anbietern. In dem Joint Venture sind mehrere Mobilitätsdienste vereint: Share Now (Carsharing), Free Now (Taxi-Dienst), Park Now (Parkplatzreservierung und -bezahlung), Reach Now (Mobilitätsdienste buchen) und Charge Now (Aufladen von Elektrofahrzeugen).

Laut Statista hat Share Now insgesamt ca. 3.000.000 Kunden in der EU und setzt sich damit weit von der Konkurrenz ab. Zweitgrößter Anbieter in Deutschland ist Flinkster mit 320.000 Kunden weltweit. 2019 hatte Share Now ca. 4.000.000 Kunden weltweit, die insgesamt 25.000.000 Anmietungen generiert haben, das entspricht einem Wachstum von 4 Prozent im Vergleich zu 2018. Im Durchschnitt mietet ein Kunde ein Auto bei Share Now für 35 Minuten. Zahlen zu Umsatz oder Verlust hat Share Now nicht veröffentlicht, jedoch ist bekannt, dass das Geschäft bisher noch nicht profitabel läuft.(dpa/swi 2020)

Durch Kooperation haben zwei der größten Autohersteller es also geschafft, sich weltweit an die Spitze der Carsharing-Anbieter im Freefloating Segment zu setzen. Ein immer größerer Anteil der Flotte von Share Now besteht aus Elektrofahrzeugen. Im April 2019 betrug der Anteil an der Gesamtflotte bereits 20 Prozent. Das Joint Venture hat angekündigt, diesen weiter deutlich ausbauen zu wollen. Doch je mehr Elektrofahrzeuge auf den Straßen unterwegs sind, desto größer wird der Bedarf an Ladestationen. Um diesem Bedarf entgegenzutreten, haben mehrere Automobilhersteller (BMW Group, Ford Motor Company, Mercedes Benz AG und Volkswagen) schon 2017 zusammen das Joint Venture Ionity gegründet, um ein europaweites Netzwerk von Schnellladestationen aufzubauen und zu betreiben.

Argo-AI: Kooperation von Ford und VW im Bereich autonomes Fahren und Elektromobilität
Ford und Volkswagen gehen noch einen Schritt weiter. Um beim Thema autonomes Fahren weltweit besser zusammenzuarbeiten, ist Volkswagen bei der Ford-Tochter Argo-AI, ein auf autonomes Fahren spezialisiertes Unternehmen, mit einem Betrag in Milliardenhöhe eingestiegen. Durch diese Investition erhalten Ford und VW beide gleiche Anteile und die Mehrheit an Argo-AI.

Die beiden Unternehmen haben 2020 außerdem Verträge zur weiteren Kooperation bei Elektrofahrzeugen und leichten Nutzfahrzeugen unterzeichnet. Ford will beispielsweise ab 2023 Elektroautos in Europa bauen und rechnet mit ca. 600.000 verkauften Fahrzeugen innerhalb der ersten sechs Jahre. Dafür möchte der Hersteller den modularen E-Antriebsbaukasten (MEB) von VW nutzen. Die Entwicklung dieser Plattform war für VW sehr teuer, seit 2016 hat der

Konzern ca. 7 Mrd. US-Dollar in die Entwicklung gesteckt. Ford investiert insgesamt 11,5 Mrd. US-Dollar in die Elektrifizierung seines Fahrzeugangebots und ein Teil davon wird für die Nutzung der MEB-Plattform verwendet. Durch diesen Deal kann VW also einen Teil des investierten Geldes wieder hereinholen. Außerdem senkt die Skalierung des MEB laut Herbert Diess, Vorstandsvorsitzender der Volkswagen AG, die Entwicklungskosten für E-Fahrzeuge, was die Wachstumsmöglichkeiten in diesem Segment für beide Unternehmen erhöht. (VW news 2019)

Kooperationen von Automobilherstellern können also weiter gehen, als man es noch vor wenigen Jahren für möglich gehalten hätte. Auch zeigt sich, dass Unternehmen, die erfolgreich bleiben wollen, Innovationen und Kooperationen gegenüber offen sein müssen. Deutlicher gesagt: Nur wenn sie bereit sind, ihr eigenes Geschäftsmodell neu zu denken und durch Erweiterungen oder Ausgründungen zu ergänzen, können sie ihre Position als Marktführer halten. Sonst eher nicht.

In Bezug auf neue Geschäftsmodelle bleibt es nicht nur beim Carsharing. Autobauer wie Porsche, Mercedes-Benz, BMW und Volvo bieten mittlerweile sogenannte Car-Subscriptions an: Für eine feste monatliche Summe können Teilnehmer ein Auto des Herstellers fahren. Dabei ist es sogar möglich, je nach Bedarf zwischen verschiedenen Modellen zu wechseln (z. B. andere Größe oder je nach Jahreszeit). In der Abo-Gebühr enthalten sind außerdem Versicherungsgebühren, Reparaturkosten, Wartung, Lieferkosten für Autowechsel sowie Reifenwechsel.

In den ersten eineinhalb Jahren von Porsches Testlauf in Atlanta in den USA stellte sich heraus, dass ca. 80 Prozent der Abo-Kunden zuvor keine Porschekunden waren. Das bedeutet, dass sich für die Autohersteller durch ein Abo-Modell die Möglichkeit bietet, neue Kunden und Zielgruppen zu erschliessen. Gerade teurere Luxusmarken wie Porsche können hier stark profitieren.

Eines der Ziele der Anbieter ist, Kunden enger an sich zu binden und deren Bedürfnisse kennenzulernen. Das ist neu. Traditionell hatte der Hersteller zum Kunden nach dem Kauf kaum mehr nennenswerten Kontakt. Wenn er seine Kunden nun durch das Abo besser kennenlernt, kann er ihm leichter Zusatzangebote unterbreiten, die den Kunden glücklich machen und dem Hersteller hohe Margen bringen. An dieser Stelle gilt für die Automotive-Branche das, was Adobe-CEO Shantanu Narayen für die Softwarebranche konstatierte: „Der Kundenstamm ist die neue Wachstumsquelle."

Porsche: Ein Premiumanbieter denkt um
Für Porsche-Vorstandsvorsitzenden Oliver Blume steht Porsche vor einer besonders großen Herausforderung: Das Unternehmen muss eine neue digitale Kultur aufbauen und diese mit der besonderen Tradition und Identität des Unternehmens verbinden. Dabei ist es erfolgsentscheidend, agile Organisationsstrukturen und Prozesse über alle Abteilungen und Bereiche hinweg zu implementieren. „Wir glauben an die Chance einer Zusammenarbeit mit digitalen Entwickler-Start-ups und Informationszentren auf der ganzen Welt", so Blume im hauseigenen Christophorus-Magazin. „Deshalb bündeln wir unsere Kräfte und ermöglichen gemeinsame Arbeitsmodelle, in dem wir offene Plattformen und Schnittstellen schaffen. Von dieser Innovationskraft profitieren wir und tragen zugleich unseren Teil zum Aufbau eines digitalen Ecosystems bei. Porsche öffnet sich, um andere zu beteiligen, mit anderen zusammenzuarbeiten und gemeinsam zu lernen – egal ob mit Einzelpersonen, Start-ups oder Unternehmen."

Was viele nicht wissen: Abomodelle gibt es längst auch im Bereich Haustechnik, Klima und Energie. Ein Unternehmen, das hier den Sprung hin zu einem erfolgreichen Abo-Modell geschafft hat, ist Viessmann: ein international führender Hersteller von Klima- und Energielösungen mit Sitz in Allendorf. Das Unternehmen machte in den letzten Jahren einige Veränderungen durch. 2018 übernahm Max Viessmann die Geschäftsführung von seinem Vater Martin. Schon zuvor hatte das Unternehmen mit der Digitalisierung begonnen. Teil dieser Digitalisierungsstrategie war die Vernetzung der Produkte, um den Kunden auf Grundlage der erhobenen Daten zusätzliche Services bieten zu können. Beispielsweise durch Predictive-Maintenance: Dieser Ansatz gilt als eine Kernkompetenz der digitalen Industrie (auch genannt „Industrie 4.0") und besteht darin, aus erfassten Messwerten zukünftige Wartungsarbeiten vorherzusagen und so Ausfallzeiten zu minimieren.

Viessmann: Das Abo-Modell heizt ein
Ursprünglich verdiente das Unternehmen Viessmann sein Geld mit dem Verkauf von Heizungen. Nach dem Angebot zusätzlicher Services durch die Vernetzung seiner Produkte ging das Unternehmen 2018 noch einen Schritt weiter: Viessmann verkaufte „Wärme-Abos". Diese Umstellung hatte nicht zuletzt auf den Vertrieb erhebliche Auswirkungen. Was früher der Händler übernommen hatte, musste nun der Maschinenbauer in die Hand nehmen: Damit dieses Geschäftsmodell funktioniert, ist er es, der in direkten Kontakt zum Kunden tritt. Viessmann arbeitet jedoch weiterhin mit Installateuren zusammen, denen eine Marge garantiert wird. Dazu kommen Handwerkerleistungen und Wartungs-

verträge. Das Wärme-Abo, das Viessmann seinen Kunden anbietet, liest sich denkbar einfach: „Für 106 Euro im Monat können Hausbesitzer oder Vermieter eine neue Heizung inklusive Wartung, Reparaturen, Schornsteinfeger und Gaslieferung abonnieren." Das Abo wird vom Unternehmen als „So einfach wie mein Musikstream" beworben.

Ein ungewöhnliches Angebot? Ja. Ein Erfolg für das Unternehmen? Ja, weil Kunden sich bei einem Abomodell viel früher für eine neue Heizung entscheiden. Hohe Anschaffungskosten gibt es nicht mehr, und das Risiko liegt bei Viessmann. Auch für Vermieter lohnt sich das Modell, da die monatlichen Kosten als Betriebskosten von der Steuer abgesetzt werden können. Viessmann konnte mit diesem Geschäftsmodell 2019 ein gutes Wachstum erzielen: Dem Unternehmen zufolge hat sich das Wachstum von Heating-as-a-Service im Jahr 2019 „mit einer besonders hohen Dynamik von über 100 Prozent beschleunigt" (Viessmann, 2020).

Die Umstellung auf ein neues Geschäftsmodell, das sich erst langfristig lohnt, ist ein Wagnis. Allerdings eines, das Viessmann eingeht, wenn nicht sogar eingehen muss: Die Konkurrenz schläft nicht, und auch sie wechselt zunehmend zu Abomodellen.

Hinter diesem Paradigmenwechsel der Geschäftsmodelle steht eine neue Haltung gegenüber dem Kunden. Im Vordergrund steht nicht mehr Powerselling um jeden Preis. Was sich auszahlt, sind langjährige Kundenbeziehungen. Denn je wertvoller das vermietete Produkt, desto höher das Unternehmensrisiko und desto wichtiger die Dauer der Kundenbeziehung. Die „Vermietung" einer millionenschweren Anlage im B2B-Bereich rechnet sich erst nach vielen Jahren.

Strategische Disposition heißt: Den Kunden neu denken. Vom Käufer zum Nutzer.

„Ein neues Geschäftsmodell, das für das eigene Unternehmen und die eigenen Kunden das genau richtige ist, entwickelt sich evolutionär. In vielen Lernschritten."

B2B-Modell:
Das Prinzip Subscription

Das Prinzip Nutzen-statt-Besitzen, das zunächst vorwiegend für den Verbrauchermarkt diskutiert wurde, setzt sich vermehrt auch im B2B-Kontext durch. Dies eröffnet auch fertigenden Unternehmen neue Geschäftsmodelle. Denn wie das Streaming von Musik und Filmen oder die flexible Nutzung von Rechenkapazität und Software, ist dieses Modell ebenso für Hardwareprodukte möglich – und Realität.

In den USA ist die sogenannte Subscription Economy bereits weit verbreitet und konnte ihren Umsatz von 57 Millionen Dollar im Jahr 2011 auf 2,6 Milliarden Dollar im Jahr 2016 steigern. Kein Wunder, schließlich profitieren beide Seiten von dem Modell: Während es Kunden schätzen, das Angebot erweitern, kürzen oder aussetzen zu können, erhalten Anbieter detaillierte Informationen, wie ihre Dienste oder Erzeugnisse genutzt werden und können anhand der Analysen ihr Angebot anpassen, erweitern und schnell auf eventuelle Missstände reagieren. Im günstigen Fall erkennen sie aufkommende Unzufriedenheit von Kunden so früh, dass sie rechtzeitig Gegenmaßnahmen einleiten und so einen möglichen Loyalitätsverlust verhindern können.

Für das Angebot von Subscription Based Services reicht es allerdings nicht, von einem physischen auf ein digitales Produkt umzuschalten – oder das Unternehmen von der Produkt-zur Serviceorientierung zu verändern. Stattdessen entstehen individuelle Mischformen aus physischen und digitalen Produkten beziehungsweise von Produkt- und Serviceorientierung. Besondere Aufmerksamkeit in diesem Bereich zog der Traditionshersteller Heidelberger Druckmaschinen auf sich:

Heidelberger: Unter Druck
Noch ist „Heidelberger Druckmaschinen" mit 2,35 Milliarden Euro Jahresumsatz (2020) eine relevante Größe am Printmarkt. Doch seit Jahren ist das Unternehmen ein Sanierungsfall. Die Gründe sind zwar auch hausgemacht – Stichwort Blockade im Management –, aber nicht nur: Das Internet hat Printprodukte verdrängt, kleinere Druckereien sind vom Markt verschwunden, größere nutzen ihre Anlagen geschickt aus und arbeiten mit weniger Druckwerken. Damit hatte Heidelberger bis dato Geld verdient. Nun konzentriert sich das Unternehmen auf sein Kerngeschäft: Bogendruckmaschinen. Randbereiche werden abgestoßen. Und eine neue Idee aufgerollt: „Es ist Zeit für Veränderung", schreibt das

Unternehmen auf seiner Webseite. „Unsere Subskriptionsmodelle Subscription Smart und Subscription Plus bieten Ihnen Leistung auf Knopfdruck und den Zugang zu einem durchgängigen Produktionssystem für die industrialisierte Druckproduktion." Das ist für die Branche ein völlig neues Geschäftsmodell: Weg vom Produkt-, hin zum Nutzendenken. Konkret funktioniert es so: Statt für rund 2,5 Millionen Euro eine Offsetanlage zu kaufen, bestellen Druckereien eine Flatrate für eine fixe Menge bedrucktes Papier. Inklusive aller Verbrauchsmaterialien, Fachberatung, Mitarbeitertrainings, KPI-Analyse, Prozesse und Benchmark-Daten zur Optimierung aller Abläufe. Produziert der Kunde mehr als die vereinbarten Bögen, bucht er zu. Von diesem Modell sollen beide Seiten profitieren: Der Kunde, weil er weder Millionenbeträge investieren noch sich um die Maschine kümmern muss. Der Maschinenbauer, weil er auf diese Weise mehr Verbrauchsmaterialien und Services verkaufen und damit kontinuierlich Umsatz generieren kann. (Koenen 2020; Müller 2019)

So geschmeidig, wie sich dieser Fall an dieser Stelle liest, verlief die Entwicklung nicht. Tatsächlich hat das Heidelberger Traditionsunternehmen das aktuell abgelaufene Geschäftsjahr 2020 mit einem immensen Verlust nach Steuern beendet: 343 Millionen Euro. Im Jahr zuvor erwirtschafteten die Heidelberger noch ein positives Ergebnis von 21 Millionen Euro. (Koenen 2020)

Abomodelle in der Industrie bringen eine grundsätzliche Herausforderung mit sich: Maschinen, die vermietet werden, bleiben in der Bilanz des Herstellers und belasten auf der Forderungsseite. Das Risiko des Geschäftserfolgs verlagert sich vom Kunden zum Hersteller. Hat der Kunde Probleme, seine Maschinen auszulasten, spürt das der Maschinenlieferant direkt über die reduzierten Abo-Einnahmen. Einige Unternehmen am Markt gehen aus diesem Grund einen anderen Weg. Sie suchen sich entsprechende Finanzierungspartner und gründen eine Tochtergesellschaft.

Rolls-Royce hat das Unternehmen auf eine ganz andere Weise ganzheitlich umgebaut: Das Unternehmen baut keine Autos mehr, sondern ist mittlerweile Hersteller für Triebwerke und andere Komponenten für die zivile und militärische Luft- und Schifffahrt. Vor allem aber: Vermieter von Triebwerken.

Rolls-Royce: Triebwerke auf Zeit
Mit TotalCare hat das Unternehmen ein neues Geschäftsmodell eingeführt, dass sowohl für Rolls-Royce als auch für seine Kunden einen großen Mehrwert bringt. Dieses Modell unter dem Namen Power-by-the-Hour hat schon in den 1960er-Jahren das Unternehmen Bristol Siddeley entwickelt, das 1968 von Rolls-Royce gekauft wurde.

Bei diesem Geschäftsmodell vermietet das Unternehmen Leistung pro genutzte Stunde, anstatt seinen Kunden Triebwerke zu verkaufen. Das bedeutet, dass Airlines keine hohen Anschaffungskosten für neue Triebwerke mehr haben, sondern diese geringeren laufenden Kosten als Betriebskosten verbuchen können. Die Airline muss also nur kalkulieren, wie viele Stunden die Triebwerke genutzt werden und hat so die volle Kostenkontrolle, während Rolls-Royce sich um die Wartung und Verbesserung kümmert.

Für die Wartung hat Rolls-Royce ein Überwachungssystem entwickelt, mit dem die Ingenieure jederzeit, egal ob sich das Flugzeug in der Luft oder am Boden befindet, über den Status der Triebwerke informiert sind und Reparaturentscheidungen treffen können. Das verkürzt die Wartungszeit und reduziert damit die Kosten für die Airline (da das Flugzeug in dieser Zeit nicht genutzt werden kann) erheblich. Die Sammlung der Daten ermöglicht es Rolls-Royce außerdem, neue Produkte zu verbessern.

TotalCare hat also sowohl für den Kunden als auch für den Anbieter Vorteile. Für den Kunden, da er ausschließlich für den Nutzen und nicht für das Material bezahlt, was ihm die Planbarkeit der Kosten garantiert. Und für den Anbieter, da seine Einnahmen stetiger sind, und er Konjunkturschwankungen weniger unterworfen ist. Rolls-Royce selbst hat im Jahr 2015 seine Kunden nach der Zufriedenheit befragt, dabei fanden 92 Prozent der Befragten, dass TotalCare ihr eigenes Business verbessert hat und 87 Prozent der Befragten, dass TotalCare ihr Verhältnis zu Rolls-Royce, also dem Anbieter, verbessert hat. Außerdem meinten 83 Prozent der Befragten, dass TotalCare bei ihnen zu Kosteneinsparungen geführt hat, da teure Einmalzahlungen für die Triebwerke und Reparaturen sowie Ersatzteile ausbleiben. 70 Prozent empfanden die Triebwerke als zuverlässiger und 75 Prozent meinten, dass sich die Verfügbarkeit/Einsatzbereitschaft der Triebwerke seit TotalCare verbessert hat. (Horton, o.D.; Munoz 2019)

Schwere Maschinen kosten auch in der Landwirtschaft Millionenbeträge. Durch ein nutzungsbasiertes Modell können sich Unternehmen auch in dieser Branche die Maschinen vom Hersteller mieten und zahlen statt des vollen Preises eine Gebühr. Diese wird entweder bei Vertragsbeginn festgelegt, oder richtet sich bedarfsweise nach Parametern wie der erbrachten Leistung oder der gemieteten Zeit. So können Traktoren beispielsweise nach der Anzahl an Quadratmetern bearbeiteter landwirtschaftlicher Nutzfläche bezahlt werden. Für den Landwirt ist ein solches Modell vorteilhafter als eine Abrechnung nach Zeit, weil er den Traktor wetterbedingt mitunter einige Tage nicht braucht und er somit unnötige Kosten spart.

John Deere: Künstliche Intelligenz auf dem Acker
Ein Unternehmen, dem diese Transformation sehr gut gelingen ist, ist das US-amerikanischen Unternehmen Deere & Company, besser bekannt unter dem Namen John Deere. Das Unternehmen gehört zu den führenden Herstellern für Landtechnik, zu den Produkten gehören forstwirtschaftliche Maschinen, Baumaschinen und Geräte zur Rasen- und Grundstückspflege, die durch ein internationales Vertriebsnetz weltweit angeboten werden. Zum Kauf, aber auch zur Miete – genannt „Operate Leasing". In den vergangenen Jahrzehnten hat sich John Deere von einem reinen Maschinenhersteller zu einem datengesteuerten Technologieunternehmen gewandelt. John-Deere-Maschinen sind nun Teil eines IoT für die Präzisionslandwirtschaft, eines Ecosystems von Datenströmen zwischen Maschinen, Landwirten, John Deere und externen Partnern und der technologischen Infrastruktur. Diese bietet den Landwirten messbaren Mehrwert, indem es ihnen hilft, Daten zu sammeln und für eine verbesserte Betriebsführung zu nutzen. Denn um das Ertragspotenzial zu maximieren, müssen Landwirte unzählige Variablen berücksichtigen, darunter Wetter, Zeitpunkt, Bodenqualität, Feuchtigkeits- und Nährstoffgehalt, Saatgutablage sowie Häufigkeit und Dosierung der Dünger- und Pestizidausbringung. Der für die Landwirte geschaffene Wert besteht in verbesserter Produktivität, gesteigerter Effizienz, geringeren Ausfallzeiten und geringeren Kosten und damit höherer Rentabilität.

John Deere hat in den Aufbau der Datenwissenschaft und Analytik investiert. Dazu wurde der Bereich Intelligent Solutions Group (ISG), gegründet, in dem Datenwissenschaftler und Softwareingenieuren neue Technologielösungen und -prozesse entwickeln. Die Übernahme von Blue River Technology im Jahr 2017 ermöglichte dem Unternehmen außerdem den Einstieg in die KI und die Computer-Vision, mit dem es nun Daten zu einzelnen Nutzpflanzen auszuwerten kann. (Marr 2019)

Daten sind, das zeigt John Deere, nicht nur das neue Öl, sondern der neue Boden, auf dem Landwirte und ihre Unternehmen wachsen. Digitalisierung, Vernetzung und Serviceorientierung sind die zentralen Treiber dieser Veränderung. Daraus entstehen neue Produkt-, Plattform-, Projekt- und Lösungsgeschäftsmodelle. Mit mutigen Entscheidungen und Investitionen hat sich John Deere neue Wachstumschancen erschlossen, statt lediglich das bestehende Geschäft zu optimieren. Ergebnis ist ein Serviceplattform-Geschäftsmodell mit zahlreichen Partnern, dass den Kunden einen wertvollen Mehrwert leistet und diese langfristig an sie bindet. Wir sagen: Ein Erfolgsmodell für den Mittelstand. Auch Mann+Hummel aus Ludwigsburg, Weltmarktführer für Filtrationstechnik, hat sein Produktportfolio um ein Abo-Modell erweitert. Das Unternehmen verkauft nicht mehr nur ein Produkt. Es sorgt nun dafür, dass die teuren Maschinen, für die es genutzt wird, langlebiger werden.

Mann+Hummel: Mehr Kundennähe per Abo plus App
2018 brachte das Unternehmen das Aboprodukt Senzit in den USA auf den Markt. Um den Service nutzen zu können, muss der Kunde zunächst einen Smartsensor für den Luftfilter für 199 Dollar erwerben. Dieser wird in Mähdrescher oder Bagger eingebaut und sendet anschließend Position, Status, aktuelle Maschinenstunden und Filterkapazität an das Portal Senzit.io, das von Mann+Hummel eigens für dieses Produkt entwickelt wurde und über das die Kunden per App Zugriff auf die Daten erhalten. Mit dem Abo für 20 Dollar im Monat können Flottenmanager oder Bauunternehmer dann ganz einfach erfahren, wann ein Filter gewechselt werden muss.

Mann+Hummel hat im Zuge des neuen Angebots auch seinen Umgang mit den Kunden verändert. Der Kontakt ist jetzt sehr viel direkter und die Zusammenarbeit unmittelbarer. Gemeinsam überlegt das Unternehmen mit seinen Kunden, wie man das Angebot von Senzit erweitern könnte, beispielsweise über automatische Ersatzteillieferung oder Vor-Ort-Wartung auf dem Feld. Dabei musste das Unternehmen über seinen eigenen Schatten springen. Perfektionistische Ingenieure gehen traditionell nicht mit halb fertigen Produkten zu ihren Kunden Will sich das Unternehmen jedoch auf dem Markt behaupten, bleibt ihm nichts anderes übrig als umzudenken. So meint Andreas Lawrenz, der Leiter der Digital Unit: „Wir wollen halt nicht disrupted werden, sondern selbst gestalten. (Müller 2019)

Flexible und maßgeschneiderte Angebote, die auf den individuellen Gebrauch des Kunden abgestimmt sind, werden künftig ein wichtiger Bestandteil im Zukunftsbild des Unternehmens sein. Dazu gehört eine Abkehr vom statischen Kaufmodell und eine Übernahme von dynamischen Bereitstellungsmodellen, die sich nach den Präferenzen der Kunden richten. Dazu gehört die Abkehr vom Wachstumsparadigma und eine strategische Neuausrichtung mit dem Fokus Nachhaltigkeit. Das betrifft auch die Finanzierung: In den Blick gehören nicht nur Forschung und Entwicklung, sondern der gesamte Lebenszyklus eines Produkts. Im Bereich der Produktentwicklung geht es außerdem um ein Ende der perfektionistischen Ingenieurperspektive und mehr Mut zu Versuch und Irrtum. Das sind Realitäten des Marktes und die Game-Changer der Digitalisierung. Wir sagen: Es sind die Leitplanken, die mittelständischen Unternehmen bei der Gestaltung der strategischen Disposition Orientierung geben können.

Beispiel Wertschöpfungsnetzwerke Trumpf, Munich RE, relayr

Die Nachricht über die Kooperation von der TRUMPF Gruppe und Munich RE Gruppe mit relayr als IOT Dienstleister kommt im Oktober 2020 zur richtigen Zeit. Die deutsche Wirtschaft bereitet sich gerade auf den zweiten Lockdown während der Corona Pandemie vor. Zwar ist es ein Lockdown light und dennoch schlägt es deutlich auf die Stimmung. In dieser Zeit sind solche Nachrichten wie Balsam für die Seele, weil es die richtige Antwort auf die aktuellen wirtschaftlichen Herausforderungen ist.

Das entwickelte Geschäftsmodell „Pay-per-Part" wird es Kunden ermöglichen, Laservollautomaten von TRUMPF nutzen zu können, ohne diese kaufen oder leasen zu müssen. Gegenüber herkömmlichen Leasing- und Finanzierungsangeboten zahlt der Kunde nicht einen monatlichen Betrag, sondern zahlt lediglich für jedes produzierte Blechteil, den vereinbarten Preis. Das hilft den Kunden ungemein bei der Flexibilisierung ihrer Kosten. Dieses Modell kommt zu einer Zeit, in der Unternehmen auf ihre Liquidität besonders achten müssen. Auf diese Weise können Fertigungskapazitäten ohne Vorinvestitionen realisiert werden. Es hilft den Unternehmen, wenn Hersteller Subscriptionsmodelle wie „Pay-per-Part" jetzt auf den Markt bringen.

„Mit dieser Partnerschaft werden wir uns so deutlich wie noch nie in neue Geschäftsmodelle vorbewegen", sagt Mathias Kammüller, Gruppengeschäftsführer und Chief Digital Officer von TRUMPF.

Für dieses neue Geschäftsmodell ist die Trumpf Gruppe eine Partnerschaft mit Munich Re eingegangen. Munich Re spielt eine wichtige Rolle dabei. Sie finanziert die Maschine und trägt damit das Investitionsrisiko. So hat Trumpf die Maschinen nicht mehr in den Büchern und schont auf dieses Weise ebenfalls den eigenen Cashflow. Andere Maschinenhersteller haben in der Vergangenheit versucht solch ein Geschäftsmodell alleine zu stemmen und sind daran genau aus dem Grund der Belastung der eigenen Liquidität gescheitert. Außerdem ist noch ein weiterer Player Teil dieses Netzwerkes. Bei solch einen Modell ist die IoT-Infrastruktur für eine exakte Datenanalyse von hoher Bedeutung. Darum kümmert sich als weiterer Partner in diesem Netzwerk, die Firma relayr spezialisiert auf das industrielle Internet der Dinge (IIOT). Ziel ist es, die Prozesse zu optimieren, in dem die Datenerkenntnisse aus den Maschinen ausgewertet werden.

Zum bisherigen Zeitpunkt ist die Partnerschaft noch nicht abgeschlossen. Die Partnerschaft von Munich Re und TRUMPF steht unter dem Vorbehalt der Fusionskontrollfreigabe durch die zuständigen Behörden. Das mit einer Zusage gerechnet werden kann, zeigen die Reformgespräche innerhalb der EU.

Die Wirtschaft inklusive dem Bundeswirtschaftsministerium fordern, von den EU-Wettbewerbshütern die Wettbewerbsregeln zu lockeren. „Der Bundeswirtschaftsminister drängt mit seinem französischen Kollegen Bruno Le Maire mehr Spielraum für die Schaffung europäischer Champions zu lassen." schreibt Till Hoppe im Handelsblatt am 26.06.2020 in seinem Artikel „Wirtschaft fordert Reform des EU-Wettbewerbsrechts". Damit gewinnt die Debatte an Geschwindigkeit und die EU-Wettbewerbshütern wissen auch, dass auch durch Corona die Kartellregeln angepasst werden müssen. Nicht zuletzt, um die Europäische Wirtschaft wettbewerbsfähig zu halten und zu stärken.

Strategische Disposition heißt: Industrie neu denken. Von der Investition zur Subscription.

Prämissen der unternehmerischen Zukunftsperspektive für die Digitale Transformation

	Traditionelle Märkte	Zukunftsorientierte Märkte
Mindset	Produktorientierung	Nutzenorientierung
Geschäftsmodell	Statisches Kaufmodell	Dynamisches Bereitstellungsmodell
Kundenziel	Langfristiger Besitz	Flexible Nutzung
Finanzierung	Produktentwicklung	Kompletter Produkt Lebenszyklus
Hauptakteure	Ingenieur	Softwareentwickler
Unternehmensziel	Wachstum	Nachhaltigkeit

Kundenbedürfnisse müssen konsequent in den Mittelpunkt aller Überlegungen eines Unternehmens gestellt werden. Wie kommen Mittelständler von diesen theoretischen Leitplanken nun zum konkreten Geschäftsmodell?

Methoden:
Was will der Kunde?

Es gibt etliche Formate und Methoden, die es ermöglichen, die Perspektive der Kunden einzunehmen. Design Thinking ist eine davon, ebenso wie die Skizzierung der Customer Journey.

Design Thinking: Gemeinsame Suche nach Kunden-Persona

Nach dem Motto „Solve Problems like a Designer" stellt die Design-Thinking-Methode die nutzerorientierte Gestaltung, die Benutzerfreundlichkeit und die Bedürfnisse der User als wesentliche Orientierung in den Vordergrund. Der Grundgedanke von Design Thinking basiert darauf, dass Innovationen in einem Unternehmen durch systematische gestalterische Kreativität in einem Teamprozess insbesondere unter Einbeziehung externer Kunden- und Expertenmeinungen entstehen. Dass die Phase des Verstehens der Kundenbedürfnisse besonders ausgeprägt ist, unterscheidet diesen Ansatz von anderen. Erst, wenn diese Phase komplett abgeschlossen ist – zum Beispiel mit dem Entwurf von fiktiver Kunden-Persona – kann mit dem Solutiondesign begonnen werden.

Customer Journey: Verstehen, was der Kunde wann und wo will

Um ihre Kunden besser zu verstehen, skizzieren viele Unternehmen auch sogenannte Customer Journeys. Die Customer Journey beschreibt die Reise des Kunden durch das Unternehmen. Im Detail und konsequent aus Sicht eines Kunden. Es beginnt mit dem Erkennen eines Bedürfnisses und geht im nächsten Schritt mit der Überlegung weiter, wie dieser Wunsch erfüllt werden kann. Es geht weiter an dem Punkt, an dem der Kunde von der Existenz eines Produkts erfährt. Dann über den Weg bis zum Kauf und weiter zum After-Sales und -Service, bis ein Produkt oder Service seinen Lebenszyklus durchlaufen hat.

Digitale Technologien eröffnen entlang der Glieder dieser Kette eine Menge Geschäftsmöglichkeiten: Aufgreifen neuer Kundenbedürfnisse (siehe Car-Sharing), neue Formen der Kontaktaufnahme (siehe App-Store), neue Zahlungsmethoden (Stichwort Subscription), neue Formen der proaktiven Maschinenwartung (siehe Viessmann), Daten-Services (siehe John Deere).

Das Igel-Prinzip: Der Weg zu den Besten

Ich, Kay Freiland, bin ein großer Fan von Jim Collins methodischem Ansatz zur Visionsentwicklung aus seinem Buch „Der Weg zu den Besten" (2003). Collins verwendet drei sich überschneidende Kreise, die für die Stärken im Unternehmen stehen, und hat dieses Prinzip das Igel-Prinzip getauft. Entstanden ist der Name in Anlehnung an das griechische Versfragment „Der Fuchs weiß viele Dinge, aber der Igel weiß ein großes Ding". Collins greift dies auf und entwickelt darauf basierende zwei Typen von Menschen: Der Typus „Fuchs" verfolgt viele Ziele gleichzeitig und erfasst die Welt in ihrer ganzen Komplexität, ist oft zerstreut und auf mehreren Ebenen gleichzeitig zu Gange. Der Typus „Igel" hingegen fokussiert sich auf die Herausforderungen und Probleme eines einzigen Systems und blendet alles andere aus. Das Igel-Prinzip ist ein einfaches, glasklares Konzept, das aus dem tiefen Verständnis dreier sich überschneidender Kreise resultiert:

- Was kann das Unternehmen wirklich gut? Worin ist das Unternehmen der Beste oder kann der Beste werden? In diesem Zusammenhang auch die Frage wichtig: Worin kann das Unternehmen nicht der Beste werden?

- Was ist die wahre Passion des Unternehmens?
  Wofür empfinden die Mitarbeiter tiefe Leidenschaft?

- Was ist der wirtschaftliche Motor? Für was sind die Kunden bereit, Geld zu zahlen?

Der Schnittpunkt der drei Kreise bildet die Grundlage für die Wertschöpfung im Unternehmen und spiegelt sehr klar die Kernkompetenzen. Um diesen Ansatz zu komplettieren, würde ich noch den Aspekt der Nachhaltigkeit hinzunehmen: Ein wichtiger Aspekt, der in Zukunft immer stärker über die Zukunftsfähigkeit eines Unternehmens mitentscheiden wird. Wichtig sind außerdem die Bedürfnisse weiterer Interessengruppen: Neben den Zielkunden betrifft das die Eigentümer, die Kapitalgeber, Zulieferer, Händler und nicht zuletzt die Mitarbeiter.

Strategische Disposition heißt:
Kundennutzen neu verstehen.
Von der Produkt- zur Bedarfs-
perspektive.

Fazit Kapitel 2.1

Strategische Disposition: Subscription und Kooperation für mehr Kundennutzen

Mindset

Die Zukunft gehört digitalen Services. Das ist der Grund, warum Unternehmer Ihr Unternehmen nicht nur „digitalisieren", sondern ganz neu denken sollten. Von den Füßen auf den Kopf stellen. Der Erfolg ist ihre unternehmerische Idee. Und die ist viel mehr als ein Produkt.

B2B-Modell

Es geht jetzt darum, im Verbund mit anderen Mittelständlern sehr viel stärker zu werden, als jeder einzelne es je sein könnte. Gemeinsam mit Partnern aus den Bereichen Finanzierung, Datenanalyse, Maschinenbau, Handel von Verbrauchsmaterial, Training und Co. gilt es jetzt, den Kunden in den Mittelpunkt zu stellen und ihm genau die Finanzierungsmodelle (Subscription ist eines davon) und Services zu bieten, die ihn entlasten – und einzigartig machen.

Methoden

Vorsprung gibt es heute nicht mehr nur „durch Technik", sondern durch genaue Kenntnis der Kundenbedürfnisse. Diese lassen sich mit Methoden wie Design Thinking oder Customer Journey erfassen und z. B. mit dem erweiterten Denkmodell „Igel-Prinzip" in ein Geschäftsmodell überführen. Und darum geht es im nächsten Schritt.

Kapitel 2.2

Business Architektur:

Geschäftsmodelle neu denken

In den 1980er-Jahren gab es im Ruhrgebiet ein ganzes Segment hoch innovativer Mittelstandsbetriebe, die im Schwerpunkt die großen Stahlunternehmen bedienten. Mit dem Ende der Schwerindustrie gingen auch die Geschäftsmodelle der Zulieferer unter. Sie mussten sich plötzlich umorientieren – und das gleiche Phänomen sehen wir jetzt auch. Allerdings geht es noch weiter als damals. Die mittelständischen Unternehmen hatten nur einen sehr begrenzten Kundenkreis, ein Großteil des Umsatzes wurde über einen Abnehmer generiert. Die Umorientierung von einem Unternehmen zu einem andern Unternehmen ist noch kein innovatives Geschäftsmodell. Und dementsprechend ist das digitale Aufhübschen des eigenen Betriebsgebäudes noch keine Innovation und schon gar keine Zukunftsperspektive. Um die geht es aber unternehmerisch.

Mit zunehmender Komplexität der Technik und des Workflows ist es notwendig, Lösungen von anderen Playern einzubinden. So wird das gemeinsame Spiel auf der gemeinsamen Plattform – immer mit dem Blick auf Kundenbedürfnisse – zum Erfolgsfaktor und zur Schlüsselfähigkeit. Das zeigen Beispiele aus zwei unterschiedlichen Branchen: ein frühes Digitaltelefon und eine Pizzakette.

Sicher erinnern Sie sich an einen der Vorläufer des heutigen Smartphones, den „Blackberry". Schon früh begann das Unternehmen damit, seine Pager-Produkte zu Telefonen weiterzuentwickeln. Die für die damaligen Pager übliche Tastatur wurde beibehalten, mit der Zeit bekam das Gerät ein Farbdisplay, man konnte E-Mails verschicken, im Web surfen und per Direct-Messenger Nachrichten an andere Besitzer eines Blackberry-Handys schicken. Aufgrund der Funktionen war das Blackberry-Handy vor allem ein Produkt für Business-Kunden. Firmen statteten ihre Angestellten mit den Handys aus, damit sie auch unterwegs Aufgaben erledigen konnten. Das Wachstum war kaum mehr aufzuhalten und schnell wurde der Blackberry zu einem Statussymbol. 2009 konnte Blackberry einen globalen Smartphone-Marktanteil von 20 Prozent für sich beanspruchen und an seinem Höhepunkt in den USA einen Marktanteil von 50 Prozent.

Das Unternehmen hatte also gute Voraussetzungen dafür, sich langfristig auf dem Smartphone-Markt zu behaupten. Eigentlich. Das Management traf jedoch gravierende Fehlentscheidungen: Das größte Problem von Blackberry war das iPhone, das auf ein großes Touchdisplay setzte, statt eine Lösung aus Tastatur und Farbdisplay anzubieten. Blackberry war der Meinung, das würde sich nicht durchsetzen und die eigenen Kunden bevorzugten weiter eine haptische Tastatur. Ein weiterer Punkt war der schnell wachsende App-Markt – also der Anschluss an ein größeres, digitales Ecosystem –, den Blackberry verschlafen hat.

Die Trends wurden also nicht rechtzeitig erkannt. Zudem wollte Blackberry das Business-Segment bedienen, und zwar ausschließlich das Business-Segment.

Das Unternehmen hatte nie vor, Privatkunden hinzuzugewinnen. Diese Auffassung war jedoch nicht nur wegen des für Privat- und Geschäftskunden hoch attraktiven iPhones ein Problem, sondern auch, weil sie Wachstum generell verhinderte. Und in den herrschenden Rahmenbedingungen ist kein Wachstum immer noch so etwas wie ein K.O.-Kriterium für ein Unternehmen.

Gleichzeitig war das Blackberry von der Treue der eigenen Kunden zu sehr überzeugt. Apple und später auch Samsung gewannen in der Folgezeit nicht zuletzt deshalb immer mehr ehemalige Blackberry-Kunden hinzu, weil die beiden Hersteller jedes Jahr neue, verbesserte Smartphone-Modelle auf den Markt brachten, während Blackberry sich mit Veröffentlichungen deutlich länger Zeit ließ, in der Annahme, seine Kunden würden auf neue Blackberry-Modelle warten, anstatt sich woanders umzusehen. Wie die Story ausging, ist bekannt. Im vierten Quartal 2016 wurden weltweit 431 Millionen Smartphones verkauft. Blackberry verkaufte in dieser Zeit 207.900 Smartphones, was einem Marktanteil von 0,05 Prozent entspricht. Die Lehre, die wir daraus ziehen können, ist folgende: Es reicht nicht, ein innovatives Produkt zu haben und dann darauf zu setzen, dass dieses immer so funktionieren wird. Man muss innovativ bleiben, sich vernetzen und den Markt im Auge behalten, um Trends nicht zu verschlafen.

Eine ganz andere, und doch vergleichbare Geschichte ist die der Pizzakette Vapiano, die am 20. März 2020 Insolvenz anmelden musste und derzeit versucht, mit einem neuen Investor wieder auf die Beine zu kommen. Das Unternehmen war 2002 erfolgreich mit einem damals recht innovativen Konzept gestartet, ist dann stark gewachsen und war zuletzt in über 33 Ländern auf fünf Kontinenten vertreten. Die Menüauswahl umfasste vom ersten bis zum letzten Tag überwiegend Pasta, Pizza, Antipasti und Salate. Die Speisen wurden gemäß dem „Fresh Casual Dining"-Konzept frisch und in gläsernen Show-Küchen an verschiedenen Stationen vor den Augen der Gäste zubereitet. Darüber hinaus gab es in jedem Restaurant eine Getränke-Bar und Lounge-Bereiche für Kaffeespezialitäten oder Drinks. Das Bezahlsystem funktionierte über eine Chipkarte, über die beim Verlassen des Restaurants abgerechnet wurde. 2017 wagte Vapiano einen Vorstoß ins digitale Zeitalter: Eine neue App ermöglichte digitales Bestellen und Bezahlen, von manchen Restaurants aus wurde geliefert. Zusätzlich testete die Kette neue, in den Restaurants aufgestellte „digitale Orderpoints". Doch insgesamt löste das die Probleme nicht: Vapiano kochte zu langsam, zu mittelmäßig, die digitale Umstrukturierung kam zu spät, war offenbar viel zu teuer und womöglich zu sehr von den internen Strukturen aus gedacht – statt ausgehend von möglichen Netzwerkeffekten mit Partnerunternehmen. (Koerth/Wahnbaeck 2020)

Ganz gleich also, ob es sich um Telefone oder Pizza handelt: Geschäftsmodelle müssen permanent infrage gestellt und neu aufgestellt werden. Warum fällt das so schwer?

„Der klare Blick auf die Organisation, mit der Geisteshaltung eines Gründers, ist ein sicherer Garant für die Zukunftsfähigkeit."

Mindset:
Immer wieder verbessern, verändern und vernetzen

In „guten Zeiten" neigen wir dazu, so sehr am Status quo festzuhalten, dass es heftige Krisen braucht, um Veränderungen anzustoßen. In Unternehmergespräche haben wir schon oft gehört, dass die schlimmsten Managementfehler in guten Zeiten passieren. Dann ist das Leid der Ansporn zu neuen Taten. Unsere Erfahrung: Der kontinuierliche Veränderungsprozess mit existenziellen Fragestellungen führt zu Resilienz und Zukunftsfähigkeit.

Methodische Verbesserung: Kaizen ist eine Haltung

Dieser Effekt lässt sich strategisch nutzen und methodisch implementieren. Aus der japanischen Kultur wurde der Begriff „Kaizen" nach Europa getragen. Besondere Anwendung fanden diese Konzepte zuerst bei Toyota und dann bei der Porsche AG.

Kaizen setzt sich aus den japanischen Wörtern „Kai" für „Veränderung" und „Zen" für „zum Besseren" zusammen. Die Besonderheit dieses Prinzips ist jedoch, dass es sich hierbei um eine alltägliche und stetige Verbesserung handelt. Kaizen ist so nicht nur eine Methode, sondern ganz besonders eine Geisteshaltung und Denkweise, die von dem Management und von den Angestellten getragen werden muss. Es hat in erster Linie mit Haltung und Motivation zu tun und mit der Freude daran, etwas zum Besseren zu führen.

Kontinuierliche Veränderung: Vom Gartenhaus zum Konzern

Wie muss sich das Unternehmen verändern, um auch in fünf oder zehn Jahren attraktiv zu sein? Die richtigen Antworten auf diese Fragen können ein Unternehmen extrem langlebig machen: Kein Unternehmen stellt schon so lange Medikamente her wie die Merck Gruppe aus Darmstadt. Früher wurde in einem Gartenhaus getüftelt, wo heute Tabletten aus dem 3-D-Drucker kommen. Frank Stangenberg-Haverkamp, Vorsitzender des Familienrats und Merck-Nachfahre in der elften Generation, sagt in einem Interview mit der Frankfurter Wochenzeitung: „350 Jahre alt werden nur diejenigen Unternehmen, die sich immer wieder neu erfinden. Da liegt es in der Natur der Sache, dass sich ein seit Jahrhunderten bestehendes Unternehmen insbesondere durch den stetigen Wandel besteht." (Frankfurter Wochenzeitung 22/2020)

Konsequente Vernetzung: Teilhaben statt Haben

Die tradierte Grunddisposition des Mittelständlers heißt: Besitz aufbauen, vergrößern, kontrollieren. Nun kann man ein unternehmerisches Ecosystem nicht besitzen, man kann sich nur beteiligen und seine Komponenten einbringen. Am besten nicht nur in ein einziges Ecosystem, sondern in mehrere, miteinander verwobene Systeme.

Es gilt für den Mittelstand, sich mit diesem neuen Mindset anzufreunden, und konsequente Vernetzung als Strategie für sich zu wählen. Es geht darum, Formen der Partizipation, der Teilhabe und Teilnahme an einem oder mehreren Ecosystemen bewusst zu wählen und sich offen einzubringen. Nicht, um in erster Linie etwas abzugeben. Sondern, um insgesamt von der gebündelten Schlagkraft vernetzter Mittelständler zu profitieren.

„Man kann nicht nicht kommunzieren", hat Watzlawik gesagt. Im Mittelstand gilt: „Man kann nicht keine Geschäfte machen." Sich nicht zu vernetzen, ist deshalb keine Lösung. Nicht vernetzte Unternehmen spielen im System der vernetzten Player eine passive Rolle, oder sie ordnen sich den Regeln anderer Player unter – und verpassen so wichtige Chancen.

Pools sind die neue Workforce

Komplexität, die es zukünftig zu bewältigen gilt, braucht Vernetzung und flexible Einbindungen. Das gilt auch auf der Ebene der Manager, der Mitarbeiter, der Experten. Eine feste „Workforce" scheint schon heute nicht mehr zeitgemäß, sondern erinnert eher an die Vorstellung einer Armee. Nach dem Motto: „Das ist mein Heer, mit dem kann ich gehen." Von dieser Vorstellung müssen wir uns dringend lösen. Die Zukunft liegt woanders, und hier treffen wir wieder auf bereits angesprochenen Paradigmenwechsel vom „Haben" zum „Nutzen".
Wenn Unternehmen sich verabschieden von festen Mitarbeiterstämmen in jedem Bereich und stattdessen auf vernetzte Experten zurückgreifen, sind sie in der Lage, sich sehr viel schneller zu verbessern, zu verändern und zu vernetzen. Gerade für Sonderprojekte im Rahmen der Digitalisierung hat es sich als sinnvoll erwiesen, kurzfristig Expertise zu poolen. Aufgaben können so gezielter, schneller und auch wirtschaftlich gelöst werden.

Ein Unternehmen wie die Merck Gruppe aus Darmstadt verfügt über genügend Mittel, um eine Vielzahl von Ideen zu erforschen. Zudem hat es die Größe und Erfahrung mit verschiedenen Prozessen und Abläufen experimentieren. Folglich ist die Wahrscheinlichkeit, dass es eine Erfolgs- versprechende Neuerung entdeckt, höher als bei einem jüngeren und kleineren Unternehmen. Das ist eine Stärke, die die Merck Gruppe aus Darmstadt für sich erkannt hat und so besser in der Lage ist, effektiv auf die digitale Herausforderung zu reagieren.

Professionalität neu denken: Ja zu Profit plus Ethos

Kontinuierliches Verbessern, Verändern und Vernetzen sind unabdingbar, wenn es darum geht, das eigene Geschäftsmodell neu zu denken. Doch Optimierung braucht ein Ziel. Welches Ziel ist das? Mehr Profit? Oder geht es heute auch um andere Ziele?

Milton Friedman, Ökonom und Nobelpreisträger (1921-2006), hatte in seinem Aufsatz „The Social Responsibility of Business Is to Increase Its Profits" (erschienen 13. September 1970 im New York Times Magazin) klar Stellung bezogen. In einem wettbewerblichen Umfeld sind laut Friedman Unternehmen gezwungen, entweder bessere Produkte als die Konkurrenten hervorzubringen, die Qualitätsführerschaft anzustreben oder gleiche oder ähnliche Produkte vergleichsweise günstig anzubieten, die Kostenführerschaft anzustreben. Ein Unternehmen, das seine Bemühungen, in die eine oder andere Richtung zu agieren, vernachlässigt, um stattdessen soziale Ziele zu verfolgen, wird über kurz oder lang vom Markt verschwinden. Kostenführerschaft oder Qualitätsführerschaft, das sind, Friedman zufolge, die einzigen Alternativen. Sie folgen der Logik des Marktes. Dem Profit. Und diese Perspektive reicht heute nicht mehr, um langfristig erfolgreich zu sein.

Neben der Logik des Marktes wirken weitere Faktoren: Auf globaler Ebene beeinflusst eine neue Handelspolitik die Unternehmen, die z. B. mit US-amerikanischen oder chinesischen Unternehmen kooperieren. Und auf der Ebene des Ethos oder der Nachhaltigkeit wirken in jüngster Zeit zusätzliche Kräfte: Ökologisch einwandfreie und sozial faire Bedingungen in Produktion und Handel werden für immer mehr Konsumenten zu einem Kaufkriterium neben Kosten und Qualität. Es gilt heute, alle diese Aspekte professionell zu balancieren und gleichzeitig erfolgreiche Geschäfte zu machen.

....

B2B-Modell:
Vernetzt denken, zirkulär arbeiten

Eingeleitet hat diesen Paradigmenwechsel sicherlich auch die EU-Kommission, als Ursula von der Leyen Ende 2019 in ihrer Bewerbungsrede als Kommissionspräsidentin die ersten Umrisse eine europäischen „Green Deals" präsentierte. Ein Investitionsplan steht im Mittelpunkt, mit dem die Kommission eine Billion Euro mobilisieren will: Investitionen für den Kampf gegen den Klimawandel, gegen den Verlust von Biodiversität und für eine Reduktion der Schadstoffbelastung. (Müller 2020)

Green Deal: Ein neues Paradigma für die europäische Wirtschaft

Der europäische Green Deal ist eine Strategie für Wachstum, das langfristig mehr bringen als kosten soll. Er zeigt, wie wir unsere Art zu leben und zu arbeiten, zu produzieren und zu konsumieren ändern müssen, um gesünder zu leben und unsere Unternehmen innovationsfähig zu machen. Der Green Deal will den Rahmen setzen und die Zielvorgaben liefern, er will notwendige Investitionen aufzeigen und Finanzinstrumente zur Verfügung stellen, um einen effizienten Umgang mit Ressourcen zu fördern. Ziel ist eine saubere und kreislauforientierte Wirtschaft.

Für Unternehmen, die über Investitionsentscheidungen und Pläne für die Zukunft nachdenken, gibt der Green Deal starke Leitplanken. Wer diesen Wandel ignoriert, wird gegenüber den Stakeholdern unter Rechtfertigungsdruck geraten. Wer sich hingegen der Herausforderung stellt, sammelt Pluspunkte. Das Forum Global Fashion Agenda, das unter anderem von H&M finanziert und von McKinsey beraten wird, erklärte dazu: „Die Neugestaltung des Konzepts Wachstum ist eine der größten systemischen Herausforderungen unserer Zeit." (zit. nach Froitzheim 2020) Sicherlich leistet die Coronakrise einen wichtigen Beitrag. Konsumenten denken um, passen ihr Handeln an: Es wird weniger gereist, weniger konsumiert und es wird mehr über den Lebensstil nachgedacht. Haben wir es mit einem Kurzzeiteffekt zu tun, oder mit einer langfristigen Veränderung?

Die Wende lässt sich nur vernetzt bewältigen

Wenn sozioökonomische Systeme sich erschöpfen, kommt es zu sogenannten „Big Shifts" (Horx 2020, „Die Zukunft nach Corona"). Das war mit dem Ende der Ritter-Fürstentümer am Ausgang des Mittelalters der Fall, das war der Fall mit dem Ende der europäischen Monarchien um die Jahrtausendwende 1900 so und das ist jetzt wieder der Fall: Das Zusammentreffen der globalen Herausforderungen durch Corona-Pandemie, Klimawandel und politischen Verwerfungen führt zu einer Krise, die sich nicht mehr mit den tradierten Lösungsstrategien bewältigen lässt. Die neue Strategie heißt: Zusammenarbeit.

Zusammenarbeit ermöglicht es überhaupt erst, dass wir ökologische Probleme lösen und Nachhaltigkeitsaspekte realisieren. Realisieren müssen. Gelingt es nicht, werden wir sehr eindringliche Lebenserfahrungen machen: Klimawandel und in der Folge Hunger und Migration; Umweltzerstörung und wiederum in dieser Folge: Virensprünge aus der Tierwelt, weitere Pandemien und damit verbunden noch mehr Wirtschaftskrisen, noch mehr soziale Verwerfungen. Wir malen die Dystopie an dieser Stelle nicht weiter aus.

Fakt ist: Vor Jahren konnten einzelne Player noch Code schreiben, Software entwickeln. Heute stehen wir vor derartig komplexen Systemen, dass ein einzelner Mensch dies alles nicht mehr denken, herstellen und entwickeln kann. Ohne Netzwerke geht es nicht mehr. Wir werden echte ökonomische und ökologische Probleme nur noch lösen können, wenn wir kooperieren. Und wenn wir lernen, nicht mehr vom Band zum Müllberg zu denken, sondern in Kreisläufen. Theoretisch ist es möglich, alle unsere Produkte zu recyceln und alle Bestandteile neu zu nutzen. Und dies wäre der Ansatzpunkt für eine ökologische Utopie, die sich Zukunftsforscher Horx so vorstellt: „Wenn wir aus ‚egoistischen' Gründen ökologisch handeln können, synchronisiert sich das Streben des Menschen nach Eigen-Vorteilen mit Vorteilen für die Natur. Wir werden dann vom Verderber und Schmarotzer der Natur zu ihrem nützlichen Symbionten." (Horx 2020, Kolumne 43) Erste Ansätze sind bereits Realität:

Zirkuläres Wirtschaften: Der Food & Energy Campus
Der Food & Energy Campus in Groß-Gerau ist ein Projekt von Eric Nürnberger, einem IT-Fachmann und Gründer des Unternehmens Fischmaster IP-Services GmbH und zwei weiteren Unternehmern aus den Bereichen erneuerbare Energien und ökologische Landwirtschaft, Stefan Ruckelshaußen und Franz Schreier. Mit ihrem Geschäftskonzept wollen sie einen geschlossenen Stoffkreislauf aufbauen. Dieser besteht aus einer Biogasanlage, angeschlossenen Blockheizkraftwerken, einer Fischaufzucht und einem Gewächshaus. Das Ziel ist, dass innerhalb dieses Kreislaufs jedes Abfallprodukt weiterverwendet werden kann. Statt Müll wären die Produkte Lebensmittel und Energie. Beispielsweise werden unter Energiegewinn die Gärreste der Biogasanlage zu Biokohle umgewandelt, welche dann wiederum in den Filteranlagen der Aquakultur eingesetzt werden kann. Hier wird sie mit Nährstoffen und Mikroorganismen angereichert und kann dann wiederum als Substrat für fruchtbare Erde im Gewächshaus verwendet werden.

Dieses Projekt zeigt, wie weit Vernetzung und Kooperation gehen können und welchen Mehrwert sie für alle Beteiligten bringt. Bei diesem Projekt profitieren sogar nicht nur die Geschäftsleute, sondern auch die Umgebung und die Umwelt. Die Umgebung, da weniger Transporter Anlieferungen und Abtransporte durchführen müssen, und die Umwelt, da kein Müll entsteht und der gesamte Prozess der Atmosphäre CO2 entzieht, statt sie damit zu belasten. Nürnberger sagt: „Die Chancen der Digitalisierung sind unendlich." (BMWi 2017) Spannende Projekte entstehen aktuell auch in der Baubranche:

Cree: Baupläne per Plattform

Hubert Rhomberg ist in vierter Generation Bauunternehmer aus Bregenz (800 Millionen Euro Umsatz, 2.800 Mitarbeiter). Eines Tages konnte er seinen jungen Mitarbeitern nicht mehr erklären, wie es zu verantworten sei, dass seine Branche 60 Prozent der Tonnenkilometer der Straße und Zement 8 Prozent der CO_2-Emissionen verursacht. Er steuerte radikal um und gründete ein neues Unternehmen mit dem Namen Cree, das Pläne für ressourcenschonende, recycelbare und CO_2 neutrale Bauten verkauft. Darunter kann man sich bis ins letzte Detail durchgeplante Holzhäuser vorstellen, bis 100 Meter hoch.

Das Unternehmen hat 15 Lizenzpartner unter Vertrag, die einerseits die Cree-Pläne nutzen, andererseits die bestehenden Pläne ständig optimieren. Zum Beispiel in Richtung Erdbebensicherheit – derzeit in Arbeit bei einem japanischen Partner. Cree hat prominente Kunden: Vattenfall baut eine Zentrale in Berlin, Siemens einen Bildungscampus in Erlangen. Das Geschäft läuft gut. „Wachstum ist nicht das Problem, aber das Sterbenlassen alter Denkmuster", sagt Rhomberg. Was er für die Wirtschaft der Zukunft will: Teilen und vertrauen. „Das sind für mich die zwei Haupteigenschaften, die eine Firma der Zukunft haben muss." (zit. nach Schönert 2020)

**Business Architecture heißt:
In Kreisläufen denken lernen.**

> **Digitalisierung und Datafizierung sind keine Werte an sich. Wertvoll werden sie erst durch ihren Mehrwert für den Kunden.**

Methoden:
Wo, bitte, geht's zur Zukunft?

Wenn es um den Aufbau neuer Geschäftsmodelle geht, ist es gut, zu wissen, dass das Rad nicht neu erfunden werden muss. Nur wenige Probleme in der Geschäftswelt sind einmalig und verlangen eine komplett neuartige Lösung. Die Wahrscheinlichkeit, dass sich vor uns bereits jemand mit einer vergleichbaren Situation und der entsprechenden Lösung beschäftigt hat, ist hoch.

Auch wenn Methoden und Vorgehensmodelle eine wesentliche Grundlage für die Arbeit von Unternehmensberaterinnen und -beratern ist, können auch Unternehmer davon sehr profitieren. In die Entwicklung von Methoden sind Erkenntnisse aus vorangegangenen Projekten sowie aus der fachlichen und wissenschaftlichen Literatur eingeflossen. Methoden ermöglichen ein standardisiertes und gleichzeitig ein auf die entsprechenden Bedürfnisse anpassbares Vorgehen in Projekten. Methoden bündeln nicht nur die Erfahrungen aus einzelnen Projekten, sondern werden durch kontinuierliche Weiterentwicklung zunehmend ausgereifter.

Als erfahrener Unternehmensberater verfüge ich, Kay Freiland, über einen umfangreichen Methodenkoffer, der sich in jedem Jahr erweitert und modifiziert hat. Bei meinen mehr als hundert Projekten habe ich jedoch nie eine Methode im Standard eingesetzt. Immer habe ich die geeignete Methode an die aktuellen Bedürfnisse angepasst oder mehrere Methoden kombiniert. Jede Methode hat ihre Vorteile aber auch ihre Nachteile. Und jede Methode ist nur so gut wie das Team, das sie in der Praxis anwendet.

Das theoretische Wissen über eine entsprechende Methode befähigt noch keinen Experten zum Lösen einer Aufgabe. Es braucht darüber hinaus die entsprechende Erfahrung. Wie wichtig dieser Aspekt ist, hat sich bei einigen Unternehmen gezeigt, die sich zu einer agilen Organisation transformieren wollten. Für die Einführung agiler Projekte und der agilen Organisation wurden entsprechende Unternehmensberater angeheuert. Die Unternehmensberater haben zum Nachweis ihrer Qualifikation sämtliche Nachweise vorgelegt: Scrum Master, Product Owner und agiler Coach. Doch trotz der theoretischen Qualifikation sind die Projekte in den Unternehmen gescheitert. Auch wenn noch andere Faktoren für das Misslingen eine wichtige Rolle spielen, wie technische Infrastruktur, ungeeignete Ausstattung, fehlende Prozessschärfe sowie kulturelle Aspekte, ist die Erfahrung mit Change-Management sowie der Transformation von Unternehmen die erfolgsentscheidende Komponente. Daher ist mein Rat: Bei der Anwendung einer Methode immer mit einem Experten arbeiten und gemeinsam überlegen, wie Methoden auf die vorliegenden Bedürfnisse angepasst werden können.

Für einen gewagten Blick in die Zukunft eigenen sich unserer Einschätzung nach die Delphi-Methode und die Re-Gnose, besser bekannt als „Backcasting".

Delphi: Blick in die Zukunft

Ein klarer Blick gibt ein scharfes Bild. Das gilt auch für den Versuch, in die Zukunft zu blicken. Klare Fragen – „Wie sieht das Unternehmen in zehn Jahren aus?" – sind der erste Schritt in Richtung Zukunftsperspektive. Wie lassen sich hier Unschärfen oder sogar Fehleinschätzungen minimieren?

Der Zukunftsforscher Sven Gábor Jánszky bedient sich mit seinem Institut „2b AHEAD" der wissenschaftlichen Delphi-Methode: Es handelt sich um eine nach dem antiken Orakel benannte Methode der Zukunftsforschung, die auf einem mehrstufigen qualitativen Befragungsverfahren beruht. Die Delphi-Methode wurde Mitte des letzten Jahrhunderts in den USA entwickelt und wird zur Ermittlung von Prognosen verwendet. Die Grundidee besteht darin, das Wissen mehrerer ausgewiesener Experten strukturiert zu bündeln. Es werden bewusst mehrere Experten befragt, um eine größere Zahl an Perspektiven zu gewinnen und weil in der heutigen Zeit kaum noch ein einzelner Experte in der Lage sein kann, mehrere sich beeinflussende Expertisefelder zu überblicken.

Die Befragung läuft über einen zweistufigen Prozess: In einer ersten Runde nehmen alle Experten einzeln an einem leitfadengestützten Interview teil. Themen sind Investitionsentscheidungen, Geschäftserwartungen und Trendaussagen. In der zweiten Befragungsrunde sehen die Experten die gesammelten Ergebnisse der ersten Runde ein und entscheiden dann, ob sie ihre Einschätzung aus der ersten Runde auf Grundlage dieser zusätzlichen Informationen überarbeiten möchten – oder nicht. Abschließend werden die Expertenaussagen einer qualitativen Analyse unterzogen und in Trendfelder geclustert. Daraus wiederum werden Strategieoptionen für die Akteure abgeleitet.

Von besonderer Bedeutung bei dieser Methode ist die Auswahl der Experten. Aus diesem Grund sollte eine Aufstellung all jener Unternehmen innerhalb und außerhalb der Branche vorgenommen werden, die so ressourcenstark sind, dass ihre heutigen strategischen Entscheidungen einen wesentlichen Einfluss auf die Zukunft der Branche haben. Dies entweder, weil andere Akteure ihnen folgen werden. Oder weil sie mit ihrer Marktmacht ihre Geschäftsmodelle beeinflussen. Aus jeder relevanten Akteursgruppe wird also ein Experte ausgewählt, der in der Lage ist, einen Überblick über seine Akteursgruppe zu geben. Bei den Experten sollte es sich laut „2b AHEAD Think Tanks" um Akteure des etablierten Mittelstands, Treiber neuer Geschäftsmodelle und Meta-Experten mit Überblick und Insider-Wissen handeln.

Die hier identifizierten Zukunftsbilder des Unternehmens und der Branche dienen als belastbare Strategie-Roadmap. Sie helfen den Unternehmen in Zeiten disruptiver technologischer Entwicklungen, eine Prognose für die Zukunft zu erlangen und sind gegenüber den klassischen Strategie-Tools, die nur zu üblichen linearen Strategieprognosen führen, klar im Vorteil. Der Erfolg der Methode hängt sehr davon ab, ob die involvierten Experten auch wirkliche Experten in dem entsprechenden Fach sind. Bei der Auswahl der Experten ist sehr stark auf deren Vorerfahrungen zu achten. Wichtig zu wissen: Selbst der etablierteste Experte kann sich irren.

Re-Gnose: Blick zurück nach vorn

Strategie-Roadmaps werden häufig „gebackcastet". Was ist darunter zu verstehen? Backcasting ist ein strategisches Planungsinstrument, mit dem analysiert wird, mit welchen strategischen Maßnahmen und Methoden ein Zukunftsbild erreicht werden kann. Forecasting unterscheidet sich dadurch, dass der Ausgangspunkt der Überlegungen der derzeitige und nicht der zukünftige Status quo ist.

Forecasting schaut also von heute nach vorn in die Zukunft. Backcasting geht vom gewünschten Zukunftsbild aus und schaut von dort aus zurück in die Gegenwart. Der Grund: Geradlinige Denkprozess aus der heutigen Perspektive versperren uns die Sicht. Wir sind unvoreingenommener, wenn wir einen ganz anderen Standpunkt einnehmen. Ausgehend von Albert Einsteins Diktum „Probleme kann man niemals mit derselben Denkweise lösen, durch die sie entstanden sind", zielt diese Methode darauf ab, sich von Denkmustern zu lösen, die heute die Verhaltensweisen prägen. Wir treffen bessere Vorhersagen, wenn es uns gelingt, uns vom bisherigen Denkmuster zu lösen und eine neue Perspektive einnehmen, in dem wir die Richtung des Denkens verändern.

Zukunftsforscher Matthias Horx bedient sich ebenfalls dieser Methode und nennt diese Re-Gnose. Bei der Forschung, wie die Zukunft nach der Corona-Krise aussehen könnte, haben er und sein Team sich eine Situation neun Monate nach dem Ausbruch der Krise vorgestellt:

> „Wir sitzen in einem Straßencafé in einer Großstadt. Es ist warm, und auf der Straße bewegen sich wieder Menschen. Bewegen sie sich anders? Ist alles so wie früher? Schmeckt der Wein, der Cocktail, der Kaffee, wieder wie früher? Wie damals vor Corona? Oder sogar besser? Worüber werden wir uns rückblickend wundern?"

Und kommt damit zum Fazit: Ein Virus als Evolutionsbeschleuniger! Seine Idee der Re-Gnose beschreibt er wie folgt:

> „In der Re-Gnose entscheiden wir, was wir der Zukunft GEBEN wollen. Wir hören auf, nur zu ERWARTEN. Damit wachsen wir über den inneren Troll heraus, der seine eigene Dunkelheit, seine innere Verworfenheit, seine Selbst-Abwertung mit der Welt verwechselt. So wie wir, wenn wir uns wirklich für die Liebe entscheiden, aufhören, vom Partner nur zu erwarten, dass er unsere Ansprüche erfüllt. Wir wachsen über unsere Erwartungen hinaus in neue Wahrheiten hinein. Wir öffnen uns nach vorne, ins Leben, in die Zukunft. Mit allem, was da kommt." (Horx 2020, Kolumne 55)

Wir können aktiv in die Zukunft gehen, aber wir können die Zukunft nicht fixieren. Vor diesem Hintergrund wird bei unseren Beratungsprojekten schon mal die Meinung geäußert, dass Unternehmen heute gar keine Pläne für die Zukunft mehr benötigen. Die Ausarbeitung sei ohnehin aufwendig und langatmig, anschließend sei eine Anlaufphase notwendig, bis es in die Umsetzung gehe. Und da wir heute sowieso nicht sicher seien, was die Zukunft bringt (waren wir das jemals?), weil die Komplexität hoch sei und es zahllose Unwägbarkeiten und potenzielle Störungen gebe, könne man das Planen auch gleich bleibenlassen. Wir sagen: Das ist falsch gedacht. Es ist geradezu gefährlich, zu sagen, wir brauchen gar keine Strategie mehr, es ist zu einfach gedacht.

Lassen Sie uns einen kurzen Blick auf Carl von Clausewitz (1780 – 1831) werfen, der mit als erster über die Entwicklung einer Strategie geschrieben hat. Sein Leben und den Ursprung der Strategie hat das Strategieinstitut der Boston Consulting Group in ihrem Buch „Strategie denken" anschaulich beschrieben. Es beginnt gleich mit einem Schlüsselsatz: „Es gibt wohl kaum eine ungünstigere Zeit für theoretische Überlegungen als eine von hoher Instabilität gekennzeichneten Periode des Wandels". (Clausewitz/Oetinger 2001)

Was damals für die politische Situation, die Endphase der Französischen Revolution, die Kriege von Napoleon mit der Schlacht von Waterloo galt, gilt meines Erachtens ebenso für unsere heutige Zeit. Schon damals wurde auf den Gegensatz von Theorie und Praxis hingewiesen: „Jeder wirkliche Stratege muss das Verständnis der Rolle von Theorie und Praxis nachvollziehen. Er klagt nicht über die Unsicherheit, sondern begrüßt sie als Quelle der Inspiration", schreibt Carl von Clausewitz.

Die richtige Reaktion auf Unsicherheiten und Veränderungen ist erfolgsentscheidend, sie steht über dem Befolgen eines Plans. Um richtig zu reagieren, braucht es allerdings Zukunftsbilder, die eine Richtung vorgeben und Raum für langfristige Flexibilität lassen. Hypothesen über die Zukunft liefern Leitplanken für den Entwurf von Geschäftsmodellen. Annahme über die Entwicklung von Marktkräften, Branchenzwängen, Schlüsseltrends und makroökonomischen Einflüssen geben wichtige Anhaltspunkte. Kurz: Der Entwurf von Zukunftsbildern macht es wesentlich einfacher, potenzielle Geschäftsmodelle zu erzeugen. Zukunftsbilder sind aber niemals „zukunftssicher".

Zukunftssicherheit: Wissen, was wir nicht wissen können

Eine fixierte Zukunft, die wir unbedingt erreichen wollen, ist eine Utopie. Utopien führen immer zu Enttäuschungen und enden im schlimmsten Fall in der Katastrophe. Die permanente Auseinandersetzung mit den Realitäten und flexiblen Fortentwicklung kann unseren Unternehmen für die Zukunft mehr Stabilität geben. Zwar können Krisen kaum vorhergesagt werden, und doch gibt es immer wieder Mahner, die Krisen kommen sehen. Das war auch bei der jüngsten Pandemie der Fall, und dennoch war kein Unternehmen auf das heftige Ausmaß und insbesondere auf die ökonomischen Auswirkungen in irgendeiner Art und Weise vorbereitet. Es scheint so, also ob wir zwar das Wissen hatten, aber trotzdem nicht damit gerechnet haben.

In seinem Buch „Der Schwarze Schwan: Die Macht höchst unwahrscheinlicher Ereignisse" (2008) schreibt Nassim Nicholas Taleb, dass wir zweifellos eine ganze Menge wissen, aber von Natur zu der Meinung neigen, wir wüssten ein bisschen mehr, als wir tatsächlich wissen. Dieses Bisschen reicht dann oft aus, um hin und wieder in ernste Schwierigkeiten zu geraten. Wir überschätzen also unser Wissen, und unterschätzen die Ungewissheit, in der wir den Bereich der möglichen unsicheren Zustände komprimieren. Was ist es dann Wert zu wissen? Allein die Erkenntnis, dass es diese Frage gibt, bringt uns schon einen ganzen Schritt weiter. Wir sind dem Unwahrscheinlichen nur dann ausgesetzt, wenn wir zulassen, dass es uns beherrscht. Kalkulieren wir die Unvorhersagbarkeit in unser Zukunftsmodell oder Zukunftsbild mit ein, ist das eine weitere Komponente, die Stabilität stiftet. Dadurch entsteht eine respektvolle Distanz zur Zukunft, die uns in ein Spannungsverhältnis versetzt, das produktiv ist.

**Business Architecture heißt:
Szenarien entwerfen und mit
dem Unwahrscheinlichen leben.**

Fazit Kapitel 2.2

Business Architektur: Verbessern, verändern, vernetzen, von der Zukunft aus denken und in Kreisläufen wirtschaften

Mindset

Mittelständler bauchen Mut zum unternehmerischen Neubau. Nur so durchbrechen sie die Limitierungen der vordigital gedachten Lieferketten und befreien unternehmerisches Potenzial in Smart Platform Companies.

B2B-Modell

Ziel ist Kooperation auf Augenhöhe mit mittelständischen Partnern und kontinuierliche Verbesserung, Veränderung, Vernetzung. Für mehr Profit – in einem bewusst ethisch definierten Rahmen: nachhaltig, fair, ökologisch.

Methoden

Zukunftsbilder lassen sich mithilfe von Experten (Delphi-Methode) entwerfen. Oder aus der Zukunft in die Gegenwart zurückblickend (Re-Gnose). Wichtig ist nicht, dass dann alles so kommt wie gewünscht. Wichtig ist, dass Mittelständler eine positive Idee davon haben, wo sie eigentlich hinwollen.

Kapitel 2.3

Entity Design:

Den richtigen Rahmen setzen

Die Bereitschaft, sich zusammen zu schließen und gemeinsame Sache zu machen, nimmt immer mehr zu. Insbesondere Großunternehmen finden offensichtlich schneller zusammen als kleinere Unternehmen. VW beteiligt sich beispielsweise an Ford mit dem Ziel einer tiefgreifenden Kooperation zwischen beiden Playern. Angesichts der riesigen Herausforderungen, mit denen sich Autokonzerne konfrontiert sehen, ist diese Zusammenarbeit der folgerichtige Schritt. Ford bringt Kompetenz beim autonomen Fahren und bei Nutzfahrzeugen ein, VW stellt hingegen Know-how bei Elektroplattformen und -antrieben zur Verfügung. Aus den ähnlichen Gründen gehen Hella und Minth ein Joint Venture in China ein. Der Licht- und Elektronikexperten Hella will mit Minth die steigende Nachfrage nach radartransparenten Abdeckungen (sogenannte Radome) und beleuchteten Logos bedienen.

Auch wenn die Grundidee der Kooperation schon seit vielen Jahren mehr oder wenig erfolgreich praktiziert wird, gibt es in unserem Verständnis einen gravierenden Unterschied zu den traditionellen Modellen. Bei den traditionellen Kooperationen ging es in der Hauptsache darum, die Risiken und Gefahren zu verteilen und gleichzeitig die Kompetenzen und Stärken eines oder mehrerer Unternehmen zusammenzuführen. Die Idee bestand darin, die Stärken der Unternehmen zu bündeln, um dadurch Synergieeffekte und Wettbewerbsvorteile zu generieren. Doch oft waren diese Joint Ventures problembehaftet. Der Koordinationsaufwand war sehr hoch, die Zusammenarbeit wurde von „oben" angeordnet und die Struktur war insgesamt instabil. Die Lebensdauer war meist begrenzt. Es knirschte insbesondere dann, wenn Bürokratie und Machtfragen kollidierten.

Ein Team um den schwedischen Vertragsexperten David Frydlinger stellte kürzlich in „Harvard Business Manager" einen interessanten Fall vor (Frydlinger 2020): Dell hatte mit Fedex im Jahr 2005 eine Kooperation geschlossen, um sämtliche Rücksendungen und Reparaturaufträge für Hardware abzuwickeln. Obwohl Dell und Fedex vor der Kooperation bereits gut zusammenarbeiteten, wurde ein umfangreicher Vertrag zwischen den beiden unterschiedlichen Unternehmen ausgehandelt. Aus diesem Vertrag ging deutlich hervor, wer der Stärkere der beiden Partner war: Die Pflichten lagen vor allem bei Fedex („Der Lieferant muss..."), die Rechte bei Dell („Der Vertrag kann jederzeit von Dell gekündigt werden..."). In den nachfolgenden Jahren gelang es Fedex zwar, die hohen Anforderungen und die vertraglichen Pflichten komplett zu erfüllen. Dennoch waren beide Seiten nicht glücklich über die Partnerschaft. Dell hatte den Eindruck, Fedex könne sich hinsichtlich kontinuierlicher Verbesserung und weiteren Kosteneinsparungen mehr engagieren, und für Fedex waren die hohen Anforderungen belastend und in ihren Augen Ressourcenverschwendung. Obwohl das Auseinanderdefinieren beiden Unternehmen sehr viel Geld gekostet hat, war dieser Schritt schließlich unumgänglich. Das Problem: Gerade weil versucht wurde, alle möglichen Eventualitäten abzusichern und Machtmissbrauch auszuschließen, glaubten beide Partner, der eine übervorteile den anderen. Frydlinger schreibt: „Diese feindselige Haltung bringt eine Abwärtsspirale aus negativen Verhalten in Gang. Satt die Probleme konstruktiv anzugehen geht es den Beteiligten darum, Gleiches mit Gleichem zu vergelten." (Frydlinger et al. 2020)

Kommt eine Partei zu dem Schluss, dass die Partnerschaft nicht das Ergebnis bringt, wie im Vertrag vereinbart wurde, hört diese Partei auf zu kooperieren und kümmert sich nicht mehr proaktiv um die gemeinsamen Belange oder verhält sich anderweitig kontraproduktiv. In diesem Fall wird von Shading gesprochen.

Mindset: Die richtigen Spielregeln

Trotz aller Herausforderungen des Zusammenschlusses ist die Kooperation im digitalen Zeitalter ein elementarer Baustein im Erfolgsmodell mittelständischer Unternehmen. Die gefährlichsten Stolpersteine befinden sich unserer Einschätzung nach nicht einmal im Vertragswerk, sondern auf der Ebene des Mindsets. Es geht um den Umgang mit Macht, es geht um die grundsätzliche Bereitschaft, ökonomische Vorteile zu teilen und darum, offen zu sein für neue Dinge und Mut zu zeigen, diese aus einem anderen Blickwinkel zu betrachten. Es geht nicht in erster Linie – und das ist wichtig – um Fragen der ökonomischen Logik: die Diskussion um „Wer kriegt denn was raus". Es geht um die Verknüpfung von Profit und Ethos. Es geht darum, zu verstehen, wie der sprichwörtliche Kuchen Zusammenspiel mit allen Beteiligten für alle wachsen wird. Die Umstellung auf dieses Mindset fällt manchem Mittelständler schwer. In diesem Fall helfen folgende Prinzipien weiter, an denen sich die Parteien orientieren können:

- **Gegenseitigkeit:** Denken und Handeln richten sich am gegenseitigen Nutzen und Verstehen aus.
- **Gerechtigkeit:** Die Parteien verpflichten sich zu Fairness. Entscheidungen werden auf Basis von gemeinsamen Bedürfnissen und Risiken getroffen.
- **Ehrlichkeit:** Die Parteien verpflichten sich zur offenen und transparenten Kommunikation.
- **Vertrauen:** Die Parteien schenken sich Vertrauen im Vorfeld und sind mit dieser Haltung selbst ein Vorbild.
- **Wertschätzung:** Die Parteien gehen wertschätzend miteinander um. Sie geben sich gegenseitig Feedback und sind konstruktiv im Miteinander.

Wichtig ist, dass die Parteien zusammen sich auf die Werte und Prinzipien einigen und diese gemeinsam erarbeiten. Auch hier muss das Rad nicht neu erfunden werden. So gut wie jede Firma definiert für sich ein Wertsystem und Leitlinien. Die Telekom AG definiert unter telekom.com ihre „Guiding Principles" für die Führungskräfte wie folgt:

- Begeistere unsere Kunden
- Einfach machen
- Handle mit Respekt und Integrität
- Offen diskutieren, dann geschlossen handeln
- Ich bin die Telekom – auf mich ist Verlass
- Bleibe neugierig und wachse

Für die Telekom sind diese Prinzipien „das Fundament für eine erfolgreiche Zusammenarbeit, das Vertrauen und Transparenz schafft, Respekt und Verantwortung bietet und all das hierarchie- und länderübergreifend." Mit diesen Spielregeln und der entsprechenden Grundhaltung wird das Fundament einer soliden Partnerschaft geschaffen. Anstelle eines feindlichen Wettstreits tritt der Wille zum Lösen von Problemen.

Kommen wir noch einmal zurück zum oben genannten Beispiel, dem Zusammenschluss von Dell und Fedex. Wie hätten die Partner die Eskalation vermeiden können? Statt damit zu beginnen, einen Vertrag aufzusetzen und die Bedingungen der jeweiligen Parteien zu verhandeln, hätten sich die Partner an einen Tisch setzen und ihre jeweiligen Visionen und Ziele für die Partnerschaft erläutern können. Etwa so: „Zusammen sind wir ein Team, einen Spitzenservice in der Distribution von Computerhardware für die Kunden leistet. Wir erreichen dies durch geteilte Verantwortung, erarbeiten gemeinsam Innovationen, haben gegenseitiges Verständnis und den Mut zu handeln." Ob sich aus diesem gemeinsam formulierten Satz dann ein geändertes Mindset entwickelt? Wahrscheinlich ist es umgekehrt: Wenn ein solches Mindset bereits da ist, funktioniert Partnerschaft. Ohne dieses Mindset helfen weder Vertrag noch Willensbekundung. Es bleibt kooperationswilligen Unternehmen nichts anderes übrig als der Mut, Vertrauensvorschuss zu geben.

**Entity Design heißt:
Sich gegenseitig Vertrauensvorschuss geben.**

B2B-Modell:
Plattformen auf- und weiterbauen

Gerade in der Zuliefererindustrie braucht es neue Ansätze, um Abhängigkeiten zu verringern. Durch Zusammenschlüsse können neue Stärken entstehen. Insbesondere für kleine und mittlere Unternehmen ist es attraktiv, noch einen Schritt weiter zu gehen und die bisherigen Wertschöpfungsketten durch eine neue, digitale Plattformökonomie zu ersetzen. Netzwerke ermöglichen kooperierenden Partnern eine höhere Flexibilität und eine schnellere Anpassung an die Marktentwicklungen, und sichern damit einen nachhaltigen ökonomischen Mehrwert.

So können beispielsweise die Lagerkosten durch eine bessere Koordination mit den Lieferanten minimiert werden. In der Automobilbranche werden nach Schätzungen des Verbandes der deutschen Automobilindustrie etwa drei Viertel des Wertschöpfungsanteils durch Zulieferer erbracht – hier gibt es sehr viel Potenzial. (Wallerang 2019) Neben den Kosteneinsparungen, die eine gute Organisation und Koordination zwischen über- und untergeordneten Einheiten der Wertschöpfungskette ermöglicht, ist ein weiterer entscheidender Vorteil die Erweiterung des Leistungsspektrums, die dem Endkunden einen entsprechenden Mehrwert bringt. Der VDMA hat mit dem Beratungshaus McKinsey in einer gemeinsamen Studie herausgefunden, das zur Steigerung des Wachstumspotenzials mit digitalen Geschäftsmodellen, Kooperationen unumgänglich sind.

Digitalisierung und Wertschöpfungsnetzwerke sind in dieser Hinsicht nicht nur eine Chance für die Industrie, sondern auch für Handwerksbetriebe, ganz gleich ob kleine, mittlere oder große Unternehmen. Das zeigt folgendes Beispiel:

Schaaf: Baustellenoptimierung via Genossenschaft
Die Schaaf GmbH, ein Handwerksbetrieb für Holzbau- und Dachdeckerarbeiten, stand wie viele andere Handwerksbetriebe vor der Herausforderung, die Kooperation auf den Baustellen optimal zu koordinieren. Da an solchen Projekten immer mehrere verschiedene Betriebe beteiligt sind, und jeder seine eigenen Arbeitsabläufe und Tools mitbringt, gestaltet sich eine Koordination oft kompliziert. Also beschloss Schaaf die Gründung einer Genossenschaft mit weiteren Betrieben zusammen: zunächst mit dem Malerbetrieb Maler Giese GmbH und dem IT-Unternehmen FiliTime GmbH.

Die Genossenschaft soll eine digitale Plattform für Handwerksbetriebe zur Verfügung stellen, die die Kommunikation unter den Betrieben vereinfacht und

Daten für alle Beteiligten verfügbar macht. Die Bauprojekte sollen damit transparenter und effizienter werden; Arbeitsschritte nicht mehr unnötigerweise doppelt ausgeführt werden. Die Genossenschaft möchte sich, wenn ein Testlauf funktioniert, auch für weitere Mitglieder öffnen und die Plattform auf dem freien Markt anbieten. Somit ergeben sich für die beteiligten Betriebe zusätzliche Geschäftsfelder. (Mittelstand 4.0-Kompetenzzentrum Stuttgart 2019)

Genossenschaften stellen eine vergleichsweise traditionelle Form der Kooperation dar. Daneben sind längst neue Formen getreten. Der Bundesverband der Industrie hat im Juni 2020 seinen Leitfaden „Deutsche Digitale B2B-Plattformen" veröffentlicht. Mit dem Untertitel „Auf Deutschlands industrieller Stärke aufbauen. Ein Ecosystem für B2B-Plattformen fördern", bringen die Verfasser die Dringlichkeit und Priorität für die deutsche Industrie auf den Punkt, vor allem aber für den deutschen Mittelstand. Dabei sprechen sie nicht nur eine Forderung aus. Vielmehr zeigen sie mit über 70 Beispielen deutscher Plattformen auf, dass deutsche Unternehmer bereits intensiv daran arbeiten, sich eine Positionierung und eine Standfläche für die Zukunft zu erschließen.

Deutsche Unternehmen begreifen zusehends, dass „DITNO – Data is the new Oil" nicht nur ein gängiger Titel für Strategien ist, sondern über Plattformen umgesetzt wird. Dabei gliedern sich die Beispiele in zwei Bereiche und insgesamt fünf Kategorien:

1. Datenzentrierte Plattformen
- Industrial Internet of Things Plattformen
- Daten(Transaktions-)Plattformen

2. Transaktionszentrierte Plattformen
- Marktplätze, Retail- und Fertigungsplattformen
- Supply Chain/Logistikplattformen
- Vernetzungsplattformen

Während es bei den datenzentrierten Plattformen einerseits um die Vernetzung von Maschinen und andererseits um die (Daten-)Basis für neue Geschäftsmodelle geht, zielen die transaktionszentrierten Plattformen vor allem auf Optimierungen von Transaktionskosten und auf die Erschließung neuer Potenziale über die Vernetzung unterschiedlicher Marktteilnehmer. Zwei Beispiele möchten wir hier herausgreifen, das erste aus dem Bereich IoT und das zweite aus dem Bereich Datentransaktion. Beide Beispiele zeigen Lösungsräume auf, die bislang in der Digitalisierung noch ungenutzt blieben, für die Zukunft aber von entscheidender Bedeutung für den Fortbestand des Mittelstands werden können.

Beispiel 1: Manufacturing Integration Platform (MIP; MPDV Mikrolab GmbH)

IoT statt ITO. Internet of Things statt IT for Operations. Das beschreibt den Paradigmenwandel, den diese Plattform für Fabriken symbolisiert. Was war früher (und ist es noch zu oft auch jetzt noch)? Es gab die Monolithen und jeweils ihren „Hofstaat" an angebauten Subsystemen. Das führt zu „Never change a running System". Flexibilität und Weiterentwickelbarkeit: Fehlanzeige. Was geht heute? MIP als Plattform erlaubt die Integration und das Zusammenspiel vielfältiger Systeme, Anbieter und Komponenten. Hier entsteht ein Ecosystem, in dem verschiedene Teilnehmer beitragen und profitieren. Sowohl Produzenten als auch Softwareanbieter als auch Komponentenlieferanten. Die vielbeschworene Agilität, die wir der heimischen Industrie und mittelständischen Unternehmerschaft abverlangen, um sich vom Hidden Champion in die Zukunft zu entwickeln, hängt nicht zuletzt im Bereich der Produktion von Setups wie diesem ab.

Als ich, Jürgen Margetich, über das folgende Beispiel las, musste ich an ein Gespräch mit einem Start-up Gründer denken. Dieser hatte sich mit Logistiklösungen zur so genannten Last-Mile Zustellung von Paketen im urbanen Raum befasst. Was ihm zum damaligen Zeitpunkt fehlte, war der Zugang zu relevanten (Bewegungs-)Daten, um sowohl sein Geschäftsmodell als auch die Lösung optimal entwickeln zu können. Ein Problem, vor dem viele Unternehmer stehen, wenn sie über digitale Geschäftsmodelle nachdenken, bei denen es sich nicht nur um das Digital Enhancement ihrer bestehenden Produkte handelt, sondern um wirklich innovative Ansätze.

Beispiel 2: ADVANEO Data Marketplace – Marktplatz

Diese Plattform ist ein Marktplatz für Daten für die Entwicklung und den Betrieb innovativer Anwendungen. Was an dem Ansatz von Advaneo wegweisend ist, sind zwei Aspekte. Erstens: Über die eingesetzte Architektur ermöglicht ADVANEO teilnehmenden Unternehmen, mit Daten zu handeln, ohne diese dem Marktplatz je übergeben zu müssen. Jedes teilnehmende Unternehmen bewahrt zu jedem Zeitpunkt die Hoheit über die eigenen Daten. Gleichzeitig erlaubt es die gewählte Architektur, gemeinsam mit diesen Daten in der Wertschöpfungskette zu arbeiten, bzw. Ergebnisse aus der Nutzung bestimmter Daten zu handeln. Der Datenaustausch erfolgt verschlüsselt Peer-to-Peer. Ein zweiter Aspekt ist die Bearbeitung von Daten in dedizierten Gruppen. Das heißt: Hier wurde ein kollaborativer Ansatz konsequent umgesetzt.

Die ausgewählten Beispiele weisen auf zwei weitverbreitete Denkmuster hin – die beide längst nicht mehr zeitgemäß sind:

1. Denkfehler: Die eigene Legacy ist zu bewahren. Gemeint ist das Erbe sowohl organisatorisch als auch im Sinne der IT-Systeme. Das Motto „Never change a running system" ist hier die besänftigende Umdeutung einer Resignation vor befürchteten, überdimensionalen Kosten und Effekten neuer Ansätze.

2. Denkfehler: Sensible Daten können nicht bewirtschaftet werden. Eine Restriktion, die so nicht mehr gilt. Umgedeutet und neu betrachtet liegen gerade hier enorme Zukunftspotenziale.

Das Bild, das sich aktuell abzeichnet, zeigt, dass aus der deutschen Industrie und Unternehmerschaft bereits erfolgreiche und wegweisende Ansätze mit Plattformen realisiert werden. Diese bieten heute bereits echten, wirtschaftlichen Mehrwert. Transaktionskosten werden gesenkt, Effizienzen gehoben, Kosten reduziert und über Vernetzung neue Potenziale erschlossen. Es ist genug Erfahrung am Standort, um darauf aufbauend weiter zu entwickeln. Und gleichzeitig ist das Feld erst im Aufbau. Das heißt, es gibt noch Platz für weitere Ideen und Plattformen.

Wir sagen: Um Smart Platform Companies zu bauen, müssen wir den eigenen Vorstellungsraum durchbrechen und die Grenzen des eigenen Denkens hinter uns lassen.

Entity Design heißt: Alternative Unternehmensformen wagen.

Methoden:
Entwicklung der Entity

„Das Ganze ist mehr als die Summe seiner Teile" – das Zitat des griechischen Philosophen Aristoteles trifft nicht uneingeschränkt zu. Mathematisch betrachtet ist null mal Null eben auch Null und nicht mehr. Und eine Gruppe von Dummköpfen ist auch nicht automatisch klüger als ein Einzelner. Ebenso haben Projekte der Vergangenheit gezeigt, dass Gruppen nicht automatisch klüger sind als Einzelne. Die Integration des Einzelnen in die kollektiven Abläufe bewirken gelegentlich genau das Gegenteil: Sie lähmt das Talent des Einzelnen. Drum prüfe, wer sich bindet.

Die richtigen Partner finden

Die Voraussetzung dafür ist, dass Komponenten zusammenpassen und sich ergänzen. Und zwar so, dass die Fähigkeiten des einen die Defizite des anderen ausgleichen. Das ist der erste Punkt. Der zweite ist ein Aspekt, den wir in diesem Buch schon einige Mal angesprochen haben: Die Rede ist von der Haltung. Passung findet immer zuerst auf der Werteebene statt, erst dann folgen weitere relevante Kriterien.

Es geht nicht darum, einen Vertrag schlicht auszuhandeln, sondern um den Willen und die Bereitschaft, eine ernsthafte Beziehung aufzubauen. Und zwar eine Beziehung, die auf Vertrauen basiert und die sich zuversichtlich im Denken zeigt – ein Verbund aus Unternehmern, die wissen, dass es gut wird, wenn sie gut sind. Damit das funktioniert, müssen sie schon im Vorfeld solide genug aufgestellt sein. „Todkranke" Unternehmen werden auch in Kooperationen nicht gesund.

Es braucht Kompetenz, Kreativität, Kontakte. Denn disruptive Angriffe erfolgen nie in der Breite, sondern zumeist über einen unternehmerischen Vorteil in einem ganz spezifischen Teil. Deshalb braucht es für erfolgreiche Kooperationen im Mittelstand Unternehmen, die in einem einzelnen Segment sehr, sehr gut aufgestellt sind. Wie das geht, hat ein mittelständisches Unternehmen aus Besigheim gezeigt, das als System- und Produktlieferant elektromechanische Komplettlösungen anbietet:

LQ Mechatronik: Gemeinsam erfolgreich dank Systemkonfigurator
Die LQ Mechatronik-Systeme GmbH bietet, basierend auf einem Baukastenprinzip aus Schnittstellen und einzelnen Bauteilen, kompakte Funktionseinheiten bzw. montagefertigen Systeme an. Damit ist das Unternehmen in der

Lage, komplette elektromechanische Ausrüstungen für den Maschinen- und Anlagenbau zu liefern. Dafür hat das Unternehmen einen Systemkonfigurator entwickelt, der bereits im Projektierungsstadium die Steuerungs- und Installationstechnik für die entsprechende Maschinen- oder Anlage konfiguriert. Der neu entwickelte Systemkonfigurator erweitert die bisherigen Wertschöpfungsprozesse und nimmt dem Kunden zahlreiche Arbeitsschritte ab. Für die Projektierung einer Maschine mussten zuvor aufwendige Schaltpläne angefertigt und Stücklisten übernommen werden.

Dazu war es notwendig, nach entsprechenden Lieferanten für passende Kabel und Steckern zu suchen. Diese Arbeitsschritte übernimmt der Systemkonfigurator. Über eine digitalisierte Schnittstelle werden die Daten an den Online-Shop übermittelt und können dort mit einem Klick bestellt werden. Eine echte Erleichterung ergibt sich durch den Einsatz eines standardisierten Produktbaukastens, der die Auswahl an passenden Komponenten dort eingrenzt, wo es notwendig ist. Dank eines durchgängigen Konzepts werden Schnittstellenprobleme von vornherein ausgeschlossen.

Neben den LQ-Produkten greift der Konfigurator zusätzlich auf Funktionen von Partnern zurück. Das ermöglicht es, die komplette elektromechanische Ausrüstung bei notwendiger Flexibilität abzubilden. Bisher war es notwendig, dass für die Projektierung gut ausgebildete Fachkräfte verfügbar waren; heute kommt das System ohne tiefes Fachwissen des Bedieners aus. Ausgehend vom Aktor / Sensor berechnet der Konfigurator selbstständig geeignete Funktionen, bildet den Installationsplan ab und stellt die Stückliste zusammen.

Der Einsatz des Systemkonfigurators und die enge Einbindung der Partner bieten dem Endkunden erhebliche Einsparpotenziale und erleichtert die Arbeitsschritte. Statt teure Fachkräfte mit der Suche nach Kabeln, Steckern und Zubehör zu beschäftigen, reichen wenige Klicks zum fertigen System. Die stetige Suche nach einem vermeintlich günstigeren Einzelprodukt, dessen Attraktivität bereits dann nachlässt, wenn Kosten über die gesamte Wertschöpfungskette betrachtet werden, kann wegfallen. Auch wird der Teileeinkauf entlastet, muss er doch nicht mehr diverse Varianten verschiedener Hersteller prüfen.

Die Lagerhaltung reduziert sich, da nur exakt nach Bedarf eingekauft wird und keine größeren Fixmengen abgenommen werden müssen, die dann letztlich im Lager liegen. Schließlich profitiert auch die Logistik, denn das fertige System wird bequem an die Montagelinie geliefert. Im Servicefall kümmern sich Experten von LQ Mechatronik-Systeme GmbH um die Produkte und sichern mit ihrem speziellen Know-how die Funktionalität der Steuerungs- und Installationstechnik.

Gründen aus Komponenten

Wir sehen Unternehmen wie LQ Mechatronik als Role-Models. Deshalb hier ein konkreter Vorschlag für den Mittelstand: Gründen Sie mit Partnern, Lieferanten und Verbündeten eigenständige Unternehmen auf der grünen Wiese – mit Start-up-Charakter. Statten sie diese jungen Unternehmen aus mit Experten und Mitarbeitern, die denken und handeln wie Unternehmer. Geben sie ihnen ein hohes Maß an Selbstbestimmung, sodass sie niemand anderen verantwortlich machen können, wenn etwas schiefgeht. Nutzen sie die Kombination aus Potenzial, Freiheit und Verantwortung, die den Wettbewerbsvorteil der Start-ups begründet.

Entwickeln Sie so ganz neue strategische Möglichkeiten mit geeigneten Mitarbeitern und spezialisierten Partnern, und bauen Sie sich so Schritt für Schritt Ihr eigenes Ecosystem auf. Im Idealfall schaffen Sie ein Unternehmen, das am Markt besonders gefragt ist und für die Kunden einen Mehrwert hat. Sie bieten dort an, wo Wettbewerber schwache Leistung abliefern, und finden Sie so Ihre Nische.

Digitale Plattformökonomie Made in China

Während Unternehmen wie LQ Mechatronik eher nationale Bedeutung zukommt, wächst die digitale Plattformökonomie rasant auch auf internationaler Ebene. Eine besondere Bedeutung kommt hier der digitalen Plattformökonomie Chinas zu.

Die chinesische Führung hat das Ziel ausgegeben, China bis zum Jahr 2049 in eine Supermacht in den Bereichen Wissenschaft und Technologie zu verwandeln. Da digitalen Plattformen eine tragende Rolle bei der Produktivitätssteigerung, der optimalen Ressourcenverteilung und dem Aufbau von Beschäftigung zukommt, fließen staatliche Mittel vor allem in diesen Bereich. Die Entwicklung des industriellen Internets ist in China also keineswegs als zeitgemäße Marktentwicklung zu sehen, sondern als Ergebnis einer gezielten Einflussnahme und Koordination durch den chinesischen Staat. Entsprechend werden industrielle Plattformen in den Schlüsselsektoren von staatseigenen Unternehmen entwickelt.

Daneben entstehen Plattformen auch im Privatsektor. Eine der erfolgreichsten Plattformen in diesem Bereich ist COSMOPlat von Haier. Sie wird von zwölf Branchen genutzt und bedient, so die eigene Aussage, 35.000 Unternehmen mit insgesamt 320 Millionen Endnutzern.

Haier Gruppe: Von einer maroden Kühlschrankfabrik zur Plattformökonomie
Wie man mit radikalen Managementidee des digitalen Zeitalters ein Unternehmen in die Gewinnzone bringt hat Zhang Ruimin, Chairman des chinesischen Konzerns Haier vorgemacht, er transformierte eine marode Kühlschrankfabrik in ein Weltunternehmen. Gleich nach dem Zhang die Führung des Unternehmens übernommen hatte, gründete er ein Joint Venture mit dem deutschen Unternehmen Liebherr, der Name des Gemeinschaftsunternehmens lautete „Qingdao Refrigerator Libohaier". Zhang setzt bei den Mitarbeitern zum einen auf eigenständiges Denken, Kreativität und Freiheit und zum anderen – und das ist aus unsere Sicht das Entscheidende – setzt er auf selbst steuernden Einheiten in einem großen Ecosystem.

Zhang hat Mitarbeiter zu Unternehmern gemacht, Hierarchieebenen abgeschafft und eine Organisation zu einem offenen Ecosystem aus Nutzern, Gründern und Partner ausgestaltet. Er erschuf so einen Konzern und ein riesiges Ecosystem mit 4.000 autonomen Organisationseinheiten auf, die teils konkurrieren, teils kooperieren und sich auf Plattformen für unterschiedliche Vorhaben zusammenschließen. So wuchs Haier von einer kleinen Fabrik am Rande des Bankrotts zu einem Ecosystem heran, das heute die IoT-Ära anführt und die einzige IoT-Ecosystem-Marke unter den BrandZ Top 100 der wertvollsten globalen Marken ist. Auch in Zukunft hält Haier an der Vision fest und wird neue Wachstumsmotoren im Zeitalter des IoT schaffen.

Zum Angebot der Haier Gruppe gehören Dienstleistungen für mehr als eine Milliarde Familien in 160 Ländern oder Regionen auf der ganzen Welt an. Bis heute hat Haier vier börsennotierte Unternehmen (Haier Smart Home, Haier Electronics, Haier Biomedical, INKON Life), fünf Einhorn-Unternehmen und 22 Gazelle-Unternehmen erfolgreich gegründet. Darüber hinaus hat Haier weltweit 10+N offene Innovationssysteme, 25 Industrieparks, 122 Produktionszentren, 108 Marketingzentren und 143.330 Vertriebsnetze aufgebaut. Haier besitzt eine Reihe von Ecosystem-Marken und neuen Sparten, darunter Haier, Casarte, Leader, GE Appliances aus den USA, Fisher & Paykel aus Neuseeland, AQUA aus Japan, Candy aus Italien, COSMOPlat, Ririshun, Yingkang Life, Haier Biomedical, Haina Cloud, HCH, Haier Brothers usw.

Haier steht seit 11 Jahren in Folge an der Spitze der Global Major Appliances Brand Rankings von Euromonitor International. Seine Tochtergesellschaft Haier Smart Home gehört zur Liste der Global 500 und der weltweit angesehensten Fortune-Unternehmen sowie der 2.000 weltweit größten Aktiengesellschaften von Forbes.

> Die neue industrielle Internet-Plattform COSMOPlat führt die Top Ten der branchenübergreifenden und branchenspezifischen industriellen Internet-Plattformen des Ministeriums für Industrie und Informationstechnologie an und wurde von den drei internationalen Standardisierungsorganisationen, darunter ISO, IEEE und IEC, als führend in der Forrester Industrial IoT Platform benannt, um die Ausarbeitung internationaler Standards für Modelle zur Massenanpassung zu leiten.
>
> Haier beschreibt auf www.haier.net seine Unternehmensphilosophie mit dem Begriff „RenDanHeYi", einer Aneinanderreihung von chinesischen Schriftzeichen, die die enge Verzahnung für die Kunden mit dem Wert für die Beschäftigungen versinnbildlicht. Es unterscheidet sich grundlegend vom traditionellen Managementmodell: Im Internet-Zeitalter verschiebt die Informationsasymmetrie das Gleichgewicht zugunsten des Benutzers, und die Benutzer können über das Schicksal eines Unternehmens entscheiden. Die einzige Option des Unternehmens besteht darin, dem Nutzer schnell einen Mehrwert aufzuzeigen, so dass er nicht mit wenigen Mausklicks zu einer anderen Internetseite wechselt. Um dies tun zu können, müssen die Mitarbeiter an vorderster Front ein Maximum an Autonomie und Entscheidungsbefugnis erhalten, damit sie auf die Anforderungen der Benutzer auf schnellstem Wege reagieren können.
>
> Als Schlüssel zum Erfolg gilt aus Sicht des Unternehmens eigenständige kleine Unternehmen, die einfach gegründet werden und sich mit minimaler zentraler Steuerung entwickeln können. Auf diese Weise wird mutiges Denken und Handeln unterstützt und gefordert. Aus unserer Erfahrung ist das Denken vieler Topmanager noch in linearen Wertschöpfungsketten von der Research und Development bis zu Sales uns After Sales verortet, statt in Wertnetzwerken, bei denen in jeder Phase alle Beteiligten zusammenarbeiten. (Hamel/Zanini 2020)

Das Ecosystem von Haier ist offen für neue Partnerschaften und Beteiligungen. Geschlossene Systeme, so der dahinterstehende Gedanke, sind nicht anpassungsfähig und erstarren mit der Zeit.

Die chinesische Plattformökonomie bietet deutschen Unternehmen und Instituten durchaus Chancen: Haier zum Beispiel kooperiert mit deutschen Forschungseinrichtungen; Siemens, SAP und Bosch engagieren sich ebenfalls in diesem wachsenden Wirtschaftszweig. Gleichwohl ist es wichtig, mögliche Risiken genau zu beobachten: Laut einer aktuellen Studie des Mercator Institute for China Studies ergeben sich aus chinesischen Strategiepapieren Hinweise auf ein „Streben nach Autarkie" und auf die „Entwicklung eigener chinesischer, entkoppelter Lösungen und einen daraus folgenden Ausschluss ausländischer Akteure". (Arcesati et al. 2020) Außerdem stellten Cybersicherheit, Datenvorschriften und der Schutz geistigen Eigentums weiterhin Herausforderungen, wenn nicht sogar Risken für deutsche Unternehmen dar. Deshalb gilt es, im Rahmen der Methoden rund um den Aufbau von Smart Platform Companies nicht nur an Positionierung und Wachstum zu denken, sondern auch mögliche Risikofaktoren systematisch auf den Prüfstand zu stellen.

Vom Problemdenken zum Denken in Möglichkeiten

Um für das eigene Geschäftsmodell den richtigen Rahmen zu definieren, eignen sich traditionelle Strategiemethoden. Zu besonders innovativen Ergebnissen führt nach unserer Einschätzung ein Modell, das in Kooperation zwischen den drei US-amerikanischen Managementprofessoren Roger Martin, Jan W. Rivkin und Nicolaj Siggelkow mit dem ehemaligen Procter&Gamble-CEO A. G. Lafley entstanden ist. Harvard Business Manager hat das Prinzip unter dem Titel „Die Kunst der Strategieplanung" vorgestellt. (Rivkin et al. 2020)

Es ist ein Ansatz, der die klare Analyse mit kreativem Denken vereint. Die Idee dieses Ansatzes besteht darin, kreative Hypothesen aufzustellen, entsprechende Möglichkeiten zu identifizieren und erst dann Bedingungen für valide Tests zu entwickeln, die nüchtern prüfen, welche der Möglichkeiten zur Umsetzung geeignet ist. Der Ansatz besteht aus sieben Schritten, die wir an dieser Stelle komprimiert vorstellen:

1. Vom Problem zu Wahlmöglichkeiten: Um einen wirklich innovativen Ansatz zu finden, werden zunächst zwei Optionen definiert, sie sich gegenseitig ausschließen. Zum Beispiel: Ein Druckmaschinenhersteller, der bisher darauf konzentriert war, Druckmaschinen zu entwickeln und zu produzieren, möchte in einen neuen Geschäftsbereich vordrängen und der führende Lösungsanbieter für Verpackungs- und Etikettendruck werden. Dafür gibt es zwei Möglichkeiten: entweder eine umfassende Transformation, um zum Marktführer in diesem Bereich aufzuschließen, oder eine hohe Investition für den Kauf eines in diesem Bereich etablierten Unternehmens.

2. Strategische Möglichkeiten schaffen: Jetzt geht es darum, mit Kreativität, Fantasie und Bodenständigkeit neue Optionen zu entwickeln. In Form von Stories. Diese Geschichten beschreiben, wie das Unternehmen erfolgreich sein, wo das Unternehmen sich am Markt positionieren und wie es sich dort durchsetzen könnte. Neben drei bis fünf solcher Stories wird der Status quo auf den Prüfstand gestellt. „Das zwingt die Teams in den späteren Phasen dazu, genau zu sagen, was der Fall sein müsste, damit der Status quo eine sinnvolle Option ist", schreiben die Autoren. „Dieser Schritt macht Schluss mit der verbreiteten impliziten Annahme, dass man im schlimmsten Fall immer noch das fortsetzen kann, was man bisher getan hat."

3. Bedingungen für Erfolg spezifizieren: Im nächsten Schritt wird genau erarbeitet, welche Bedingungen für jede der identifizierten Möglichkeiten erfüllt sein müssen, damit diese ein Erfolgsmodell wird. Dazu werden die folgenden Kategorien beschrieben und bewertet: die Branche, der Wert für den Kunden, das Geschäftsmodell und die Situation der Konkurrenz am Markt.

4. Hindernisse identifizieren; 5. Tests entwerfen; 6. Testen: In den folgenden drei Schritten werden die Bedingungen aus dem vorherigen Schritt kritisch überprüft und hinterfragt. Die Aufgabe ist nun, herauszufinden, bei welchen Bedingungen es am unwahrscheinlichsten ist, dass sie tatsächlich eintreten. Für jedes gefundene Hindernis wird dann ein Test entworfen. Unwahrscheinliche Szenarien werden schnell verworfen, getestet werden konkret und in der Tiefe nur die Hindernisse, die mit hoher Wahrscheinlichkeit eintreten und die am größten sind.

7. Die Wahl treffen: Bei der traditionellen Strategiefindung kann die endgültige Festlegung schwierig sein. Nicht so bei dem möglichkeitsbasierten Ansatz. Bei Entscheidung zwischen mehreren Optionen müssen lediglich noch einmal die Ergebnisse der analytischen Überprüfung durchgegangen und dann diejenige Möglichkeit ausgewählt werden, die mit den wenigsten Hindernissen verbunden ist.

Der möglichkeitenbasierte Ansatz klingt recht trivial. Aber in der Anwendung ist er nach unserer Erfahrung dennoch eine echte Herausforderung, weil eine grundlegende gedankliche Umstellung verlangt wird: Statt zu fragen, „Was sollten wir tun?", wird gefragt, „Was können wir tun"? Und statt zu fragen, „Was glaube ich?", wird gefragt, „Was müsste ich glauben?". Die größte Änderung gegenüber herkömmlichen Denkmustern liegt beim Abschied von der Formulierung, „Was ist die Antwort?". Stattdessen nun: „Was sind die richtigen Fragen?". Diese neuen Fragestellungen öffnen ein größeres Feld an Perspektiven. Und die Methode insgesamt eignet sich gut, um an die Informationen zu gelangen, die nötig sind, um eine gute Entscheidung treffen zu können.

Entity Design heißt:
Smart Platform Companies aus Komponenten gründen.

Fazit Kapitel 2.3

Entity Design: Gründen für die Zukunft – das bedeutet mehr Vertrauen statt mehr Verträge.

Mindset

Vertrauen ist die Grundlage einer tragfähigen Verbindung. Und Verträge dokumentieren die Leitplanken für ein leistungsfähiges, flexibles und faires Zusammenspiel innerhalb einer Smart Platform Company. Es geht nun darum, die richtigen Partner zu finden, die passenden Spielregeln zu definieren und Rahmenbedingungen festzulegen – um dann auf Basis von Vertrauen und Verträgen zu einer Win-Win-Situation für alle Beteiligten zu kommen.

B2B-Modell

Die besondere Stärke der Hidden Champions sind ihre Unternehmer. Der Mittelstand ist geprägt durch herausragende Persönlichkeiten mit hohem Eigensinn und Traditionsbewusstsein. Diese Stärke gilt es, fruchtbar zu machen und mit der Power weiterer Champions zu verbinden. Auf regionaler oder nationaler Ebene kann der Aufbau einer Genossenschaft eine interessante Option darstellen.

Methoden

Die richtigen Partner sollten starke Komponenten einbringen, die sich zu einem schlagkräftigen Netzwerk verbinden lassen. Je internationaler die Smart Platform Companies, desto mehr gilt es, neben den möglichen Chancen auch die Risiken in Bezug auf Datensicherheit und Urheberrechte zu sehen. Um das passende Entity Design zu entwerfen, eignen sich kreative Strategiemethoden besonders.

Kapitel 2

Fazit

Ein Unternehmer, der aus dem Nichts ein erfolgreiches Unternehmen aufgebaut hat, tut sich häufig schwer mit dem Gedanken, eine Partnerschaft zur Realisierung einer neuen Geschäftsidee einzugehen. Nach seinem Verständnis hat er bereits in der Vergangenheit bewiesen, dass mit einer starken Idee und Fleiß ein erfolgreiches Geschäftsmodell geformt und aufgebaut werden kann und so wird ihm das, meint er, jederzeit wieder gelingen. Dieses Gedankengut ist nachvollziehbar und auf den ersten Blick auch richtig. Entschlossenheit und Pragmatismus waren in der Vergangenheit genau das richtige Rezept für ein erfolgreiches Unternehmen. Allerdings sind die Erfolgsmodelle der Vergangenheit nicht mehr die Erfolgsmodelle der Zukunft. Es braucht die Bereitschaft, neue Wege zu gehen und sich auf ein Terrain zu begeben, das zunächst unsicher erscheint.

Das Wirtschaftssystem hat eine neue Form der Komplexität erreicht. Es wird nicht dadurch beherrschbar, indem wir es vereinfachen, schlicht optimieren und in alte Muster zwingen. Der Anspruch, Komplexität zu beherrschen, ist zu einfach gedacht und nicht mehr gültig. Vielmehr muss sie nutzbar gemacht und verstanden werden wie ein kybernetisches Systemmodell. Kybernetische Systeme sind sich selbst steuernde Systeme, wie wir sie aus der Natur kennen. Wie die Natur funktionieren diese Systeme durch das enge Miteinander der einzelnen Komponenten, die sich dadurch auszeichnen, dass sie aufeinander abgestimmt sind und sich gegenseitig unterstützen und nutzen. Dass Gruppen mit hoher Diversität einzelnen Talenten überlegen sind, beweist auch der Sozialwissenschaftler Scott E. Page von der Universität Princeton in seiner Untersuchung „Difference: How the Power of Diversity Creates Better Groups, Firms, Schools and Societies" (2008).

In seiner Studie wurden aus 1.000 die zehn talentiertesten Kandidaten über verschiedene Tests identifiziert. In einem anschließenden Test traten die Besten der Besten gegen eine Gruppe an, die deutlich schlechter im Auswahltest abgeschnitten hatte. Das erstaunliche an dem Ergebnis: Die heterogenen Gruppen waren deutlich besser in der Lage, unterschiedliche Lösungsansätze zu entwickeln und das gestellte Problem effektiver und origineller zu lösen. Diese Erkenntnis lässt sich auf die Zusammenarbeit von Unternehmen übertragen: Vernetzte Smart Platform Companies sind weitaus zukunftsfähiger, als es Einzelkämpfer je sein könnten. Dahinter steht ein völlig neues Mindset. Es geht nicht mehr um die Frage: Wie werden wir die Besten? Sondern: Welche Rolle kann mein Unternehmen mit seinen Spezialkenntnissen einnehmen, um den gesamten Wertschöpfungsprozess resilienter und damit für alle wertvoller zu machen? Player, die diesen Netzwerk- und Systemgedanken wirklich verinnerlicht haben, denken in Effektivität statt in Effizienz. Sie schaffen Geschäftsmodelle, die evolutionär adaptiv sind und auf veränderte Umweltparameter mit Innovationen reagieren. Sie schaffen Zukunft.

Kapitel 3.0

Durchbruch in die Zukunft

„Unternehmerisches Denken", so der Unternehmercoach Maic Staebler im Interview mit dem Magazin Impulse, bedeutet „auf das zu blicken, was kommen kann: Erfolgreiche Unternehmer ziehen oft aus der Zukunft ihre Kraft. Sie sehen eine Idee am Horizont... und denken: Dafür setze ich meine Kraft ein." An dieser Stelle des Buches wagen wir also den Sprung in ihre Zukunft – und schauen zurück auf heute.

Kapitel 3.1

Value Merge:

Aus der Zukunft gedacht, für die Zukunft gemacht

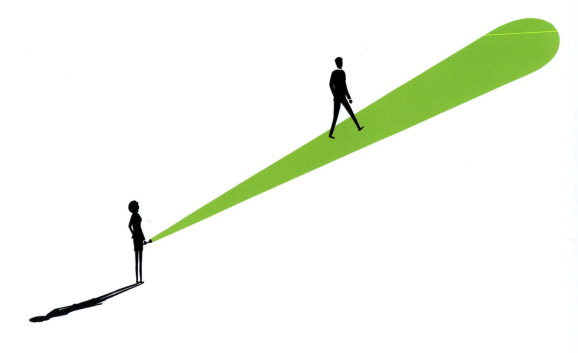

Angenommen: Sie haben die erste Hürde der Strategischen Disposition genommen. Es ist Ihnen gelungen, sich neu zu orientieren und aus dem Erfolgsmodell der Vergangenheit heraus zu treten. Sie haben eine unternehmerische Idee und Ambition entwickelt, über Subskriptionsmodelle Neugeschäft zu entwickeln. Und Sie haben sich entschieden, ein eigenes Wertschöpfungsnetzwerk aufzubauen – eine Smart Platform Company zu begründen.

Mit der Arbeit an der Business Architektur haben Sie den Grundstein für den künftigen Erfolg gelegt und an Geschäftsmodell, Partnerschaften, Marktentwicklung hart gearbeitet. Das war eine intensive Lernphase, in der Sie vieles grundlegend neu bewerten mussten. Einige Partner aus der Vergangenheit konnten Sie mit auf diesen Weg nehmen. Neue sind hinzugekommen. Digitalisierung ist für Sie kein Begriff der Automatisierung bestehender Abläufe mehr, sondern der Herzschlag Ihrer neuen unternehmerischen Aktivitäten.

Mit dem Entity Design haben Sie schlussendlich dem neu geknüpften Wertschöpfungsnetzwerk einen gesellschaftsrechtlichen, vertraglichen Rahmen gegeben. Sie haben dafür Sorge getragen, dass die Smart Platform Company über eine starke Identität verfügt, die richtige Herangehensweise im Umgang mit den Netzwerkpartnern findet und lebt. Man könnte auch sagen, Sie haben dem Vorhaben eine Verbindlichkeit gegeben, die der einer Unternehmenskultur entspricht. Damit wurde das Wertschöpfungsnetzwerk ins Leben gerufen, konnte sich erfolgreich behaupten und weiterentwickeln.

In einem sehr wahrscheinlichen Erfolgsszenario wurde über den Hebel des Wertschöpfungsnetzwerks ein höherwertiges Angebot mit besseren Margen und attraktiverer Kostenstruktur am Markt etabliert. Die Legacy der Altorganisation musste im Neugeschäft nicht mehr berücksichtigt werden. Neue, tragfähigere und flexiblere Strukturen (technologisch, organisatorisch, personell) sind entstanden. Daraus ist die eigene Agilität erwachsen, die zu neuer unternehmerischer Stärke geführt hat.

Die Stammunternehmen haben sich in jenen Teilen, die sich auf das Wertschöpfungsnetzwerk ausgerichtet haben, stark verändert und weiterentwickelt. Vielleicht konnte dort sogar das realisiert werden, wofür Digitalisierung eigentlich steht. Zu erwarten ist auch, dass wesentliche Kompetenzen und Fähigkeiten in IT- und Digitalisierung jetzt nicht mehr im Stammunternehmen beheimatet sind, sondern sich durch die Partnerstruktur im Wertschöpfungsnetzwerk überproportional gut entwickeln konnten.

Nun stehen wir an jenem Punkt ihrer Zukunft, wo diese Idee, die am Anfang gestanden hat, eine beständige und starke, unternehmerische Größe geworden ist. In der Familie würde man sagen: „Die Kinder sind erwachsen geworden." So erwachsen, dass es Zeit ist, über das zu sprechen, was in Deutschland „Unternehmensnachfolge" heißt und in Österreich „Generationenablöse". Rückübertragen auf das Wertschöpfungsnetzwerk stellt sich die Frage, wie die Beziehung zwischen den Smart Platform Companies und der von ihnen gemeinsam gegründeten Plattform-Gesellschaft zu gestalten ist.: die Beziehung zwischen den Müttern (Muttergesellschaften) und ihrer Tochter (dem Wertschöfpungsnetzwerk in Form einer Smart Platform Company).

Mindset: Offen für den Generationswechsel

Wir wagen die These, dass dieser Zeitpunkt der wahrscheinlich kritischste im Lebenszyklus des Wertschöpfungsnetzwerks ist. Ähnlich, wie es sich mit dem Generationenwechsel in der Unternehmerfamilie verhält. Hier stellt sich die Frage: Gelingt es, den Betrieb wirklich an die nächste Generation weiter zu geben? Und: Übernimmt diese auch? Ist Platz für die notwendigen, neuen Ideen da, die das Fortschreiben der Familientradition erst ermöglichen? Oder – und das ist viel zu oft zu sehen – verhindert der Übervater als Übergebender mit seiner Dominanz und der Überbewertung der eigenen Ideen eine erfolgreiche Übernahme? (In diesem Fall werden frühere Erfolgsgeheimnisse zu Grundsteinen des Untergangs.) Gelingt es dem Stammunternehmen (in der Rolle der Elterngeneration) an den neuen, dann richtigen Platz zu gehen? Und gelingt es dem Wertschöpfungsnetzwerk, den dann ihm zukommenden Platz und die damit verbundene Verantwortung zu übernehmen?

Diesen Ablöseprozess vorzubereiten und zu führen, ist die Aufgabe aller beteiligten Unternehmerinnen und Unternehmer. Das erfordert Mut, Besonnenheit, Beherztheit und Entschlossenheit in der Eigentümerschaft sowie der unternehmerischen Führung.

Eine Besonderheit im Kontext von Wertschöpfungsnetzwerken ist sicherlich, dass hier nicht ein einziges Unternehmen betroffen ist, sondern mehrere. All jene treten in diesen Prozess ein und gestalten hier gemeinsam, die sich als Netzwerk-Gesellschaft auf den Weg gemacht haben. Was im Entity Design schon mit der Perspektive auf diesen später erfolgenden Schritt gestaltet wird, entfaltet jetzt seine Wirkung.

Und auch hier gilt wieder: aus der Zukunft denkend, für die Zukunft lenkend zu handeln. Unternehmerisch eben. Und mit Wohlwollen auf die eigenen Kinder, das Unternehmen der nächsten Generation blicken und sich an dessen Werden und Wirken zu erfreuen.

B2B-Modell:
Gemeinsam Früchte ernten

In der strategischen Disposition haben wir dargelegt, dass es um eine radikal andere Ausrichtung geht. Sich vom Produktentwicklungs- und Vertriebsmodell (dem Produzentenmodell) zu verabschieden und für das Subskriptionsmodell aufzustellen. Das ist ein herausfordernder Schritt, um das eigene Potenzial dramatisch zu vergrößern und erfolgreich zu realisieren.

In der Reifephase des Wertschöpfungsnetzwerkes gilt es, ähnlich radikal zu denken und zu gestalten. Bislang haben wir vor allem in Entitäten und Anteilen gedacht und gehandelt. Die Grundlage bzw. Manifestationsebene unternehmerischer Wertsteigerung. Über Aktien als Instrument erfolgte eine erste Abstraktion des Unternehmens als Gegenstand. Und damit auch eine neue Handelbarkeit von Investitionsmöglichkeit und Anteilnahme am Unternehmen.

Wertschöpfungsnetzwerke bieten sich für eine weitere Abstraktion an. Vom Handel und Besitz von Anteilen hin zu Modellen des handelbaren Fruchtgenusses, wie es in Österreich heißt. Oder in Deutschland: zu Modellen des Nießbrauchs. Dies jeweils aus der Wertschöpfung oder aus einzelnen Teilen des Wertschöpfungsnetzwerkes. Dank Blockchain und anderer Technologien können wir heute flexibler und schneller Investments und Beiträge handeln und abbilden als je zuvor. Das Wertschöpfungsnetzwerk wird also selbst zum Marktplatz und zur Börse von Wertschöpfungsbeziehungen und Beiträgen, die kurzfristig gemanagt werden, statt über langatmige, bürokratische Eigentums- und Beteiligungsprozesse. Hier, so meinen wir, steht der Mittelstand noch ganz am Anfang einer spannenden Entwicklung

Es ist die
der Char

Die Zukunft gehört den Gründerclubs. Das ist nicht mehr ein Gebäude, sondern eine in sich aktive Gesellschaft unternehmerischer Persönlichkeiten, die nicht anderes können und wollen, als sich laufend für neue Unternehmungen zu verabreden. Und die es miteinander schaffen, dem Mittelstand eine neue Bedeutung und einen neuen Handlungsspielraum zu ermöglichen.

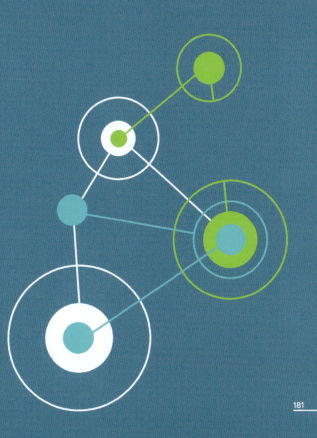

„Es ist die Zeit der Smart Platform Companies."

184

Keep updated by dmp Video-Kanal

Statements und Kurzinterviews zu dem
in diesem Buch begonnenen Diskurs zu
Smart Platform Companies unter:
www.digitalmissionpioneers.com/videos

Danksagung

Mit dem Schreiben von Büchern ist es wie mit gutem Essen. Beides eine Frage der Vorbereitung, der Hinwendung und der Aufmerksamkeit. Und beiden Prozessen wohnt das Hintasten und Hinarbeiten zum noch Besseren inne.

In unseren Diskursen zur Buchentwicklung, den Recherchen und über die Ausformulierung bis hin zum vorliegenden Manuskript hat uns Anne Jacoby mit ihren Impulsen sicher ans Ziel geführt. Sie hat uns unterstützt, wichtige Richtungsentscheidungen zu treffen.

Mal moderierend, mal mit Recherchen, Inputs und Fragen, dann wieder korrigierend und prüfend war sie uns eine kompetente Guide. Ihr wacher Blick fürs Detail und die großen Zusammenhänge haben uns beim Schreiben geholfen, beidem gerecht zu werden. So war es für uns selbst eine Reise, ein Lernprozess.

Dafür und für die immer frischen und klaren Impulse, für Deine Arbeit mit uns und unseren Texten und für die Ermutigung, an jenen Stellen, wo wir gerne Abkürzungen genommen hätten, doch weiter dran zu bleiben, möchten wir Dir herzlich Danke sagen.

Kay & Jürgen

Literatur und Quellen

Grundlegende Literatur

Arcesati, Rebecca et al: Chinas digitale Plattformökonomie: Eine Bestandsaufnahme im Kontext von Industrie 4.0. In: Mecris.org vom 29.05.2020. URL: https://merics.org/de/studie/chinas-digitale-plattformoekonomie-eine-bestandsaufnahme-im-kontext-von-industrie-40 (25.08.2020)

BDI: Deutsche digitale B2B-Plattformen. Auf Deutschlands industrieller Stärke aufbauen. Ein Ökosystem für B2B-Plattformen fördern. Berlin: Bundesverband der Deutschen Industrie e.V. (BDI) Juni 2020. URL: https://bdi.eu/publikation/news/deutsche-digitale-b2b-plattformen/

Becker, Wolfgang, Stradtmann, Meike; Kraus, Raphael: Auswirkungen der Digitalisierung auf Kooperationen im Mittelstand. Ergebnisse einer empirischen Studie. Bamberger Betriebswissenschaftliche Beiträge 256. Bamberg: Otto-Friedrich-Universität Bamberg 2018

Becker, Wolfgang; Ulrich, Patrick; Stradtmann, Meike: Geschäftsmodellinnovationen als Wettbewerbsvorteil mittelständischer Unternehmen. Wiesbaden: SpringerGabler 2018

Berg, Achim: Last Call: Germany! In: Bitkom (Hrsg.): Last Call: Germany! Die Bitkom-Digitalstrategie 2025. Berlin: Bitkom Bundesverband Informationswirtschaft, Telekommunikation und neue Medien e. V. 2020, Seiten 2-5, hier S. 2. URL: https://www.bitkom.org/sites/default/files/2020-01/200113_bitkom_digitalstrategie.pdf (24.08.2020)

Bitkom/Streim, Andreas: Deutsche Wirtschaft läuft der Digitalisierung weiter hinterher. In: www.bitkom.org vom 03.01.2020. URL: https://www.bitkom.org/Presse/Presseinformation/Deutsche-Wirtschaft-laeuft-der-Digitalisierung-weiter-hinterher (24.08.2020)

Bitkom/Streim, Andreas: Unternehmen setzen verstärkt auf Digitalisierungs-Teams. In: www.bitkom.org vom 07.09.2018 URL: https://www.bitkom.org/Presse/Presseinformation/Unternehmen-setzen-verstaerkt-auf-Digitalisierungs-Teams.html (25.08.2020)

Bitkom/Zacharias, Fabian: Bitkom zur digitalen Wettbewerbsfähigkeit in Deutschland. In: www.bitkom.org vom 20.01.2020. URL: https://www.bitkom.org/Presse/Presseinformation/Bitkom-zur-digitalen-Wettbewerbsfaehigkeit-in-Deutschland (24.08.2020)

Bitkom: Die Bitkom-Digitalstrategie 2025. Berlin: Bitkom Bundesverband Informationswirtschaft, Telekommunikation und neue Medien e. V. 2020, Seiten 2-5, hier S. 2. URL: https://www.bitkom.org/sites/default/files/2020-01/200113_bitkom_digitalstrategie.pdf (24.08.2020)

Brandenburger, Adam M.; Nalebuff Barry J.: Coopetiti−n - kooperativ konkurrieren. Mit der Spieltheorie zum Unternehmenserfolg. Frankfurt/Main; New York: Campus Verlag 1996

Clausewitz, Carl von; Oetinger, Bolko von (Hrsg.): Clausewitz: Strategie denken. München; Wien: Hanser 2001

Demmer, Christine: Wie Business-Schools von der digitalen Transformation profitieren. In: Handelsblatt vom 19.03.2020. URL: https://www.handelsblatt.com/politik/oekonomische-bildung/executive-education-wie-business-schools-von-der-digitalen-transformation-profitieren/25662130.html?ticket=ST-2066643-yMHnozVO7mg9xKdAzdNX-ap3 (24.08.2020)

Easy Software; KPMG: When Data Drives Experience. Reicht die Einstellung „Mit Digitalisierung von gut zu besser" zukünftig noch aus? Studie Juli 2019. URL: https://microsite.easy-software.com/de/studie-when-data-drives-experience und https://easy-software.com/de/newsroom/exklusive-studie-unternehmen-verschlafen-die-moeglichkeiten-der-digitalisierung/ (24.08.2020)

Fojik, Thomas M: Ambidextrie und Unternehmenserfolg bei einem diskontinuierlichen Wandel. Eine empirische Analyse unter besonderer Berücksichtigung der Anpassung und Veränderung von Organisationsarchitekturen im Zeitablauf. Wiesbaden: SpringerGabler 2015.

Froitzheim, Ulf J.: Ein Paket für gesundes Wachstum. In: Brand eins, Schwerpunkt Unterhaltung, Ausgabe 05/2020. URL: https://www.brandeins.de/magazine/brand-eins-wirtschaftsmagazin/2020/unterhaltung/folge-01-ein-pakt-fuer-gesundes-wachstum (24.08.2020)

Fröndhoff, Bert: So sichern Unternehmen in der Coronakrise ihre Liquidität. In: Handelsblatt vom 23.03.2020. URL: https://www.handelsblatt.com/unternehmen/industrie/gegen-den-totalausfall-so-sichern-unternehmen-in-der-coronakrise-ihre-liquiditaet/25672230.html?ticket=ST-600195-AQe0uXSGIHOo9PSmVNku-ap1 (24.08.2020)

Frost, Simon: Gummistiefel und Gorbis erstes Handy. In: Tagesspiegel.de vom 03.09.2013. URL: https://www.tagesspiegel.de/wirtschaft/nokias-geschichte-gummistiefel-und-gorbis-erstes-handy/8735928.html (24.08.2020)

Frühauf, Markus: Corona-Krise trifft Mittelstand schwer. In: Frankfurter Allgemeine Zeitung vom 22.05.2020. URL: https://www.faz.net/aktuell/wirtschaft/mittelstand/corona-krise-trifft-mittelstand-schwer-16764845.html (24.08.2020)

Frydlinger, David; Hart, Olvier; Vitasek, Kate: Der Weg zum besseren Vertrag. In: Harvard Business Manager vom 21.01.2020 URL: https://heft.harvardbusinessmanager.de/digital/#HM/2020/2/168896742 (25.08.2020)

Hamel, Gary; Zanini, Michele: Das Ende der Bürokratie. In: Manager-Magazin.de vom 22.06.2020. URL: https://www.manager-magazin.icrosoard/fuehrung/agiles-management-wie-haier-hierarchien-abschaffte-a-00000000-0002-0001-0000-000161308117 (25.08.2020)

Hegemann, Lisa: Fürchtet Euch nicht. In: Zeit.de vom 19.08.2020. URL: https://www.zeit.de/digital/internet/2019-08/digitale-aengste-datenschutz-hacking-sicherheit-internetnutzung (24.08.2020)

Henke, Michael: Strategische Kooperationen im Mittelstand: Potentiale des Coopetition-Konzeptes für kleine und mittlere Unternehmen (KMU). Sternenfels: Verlag Wissenschaft und Praxis 2003

Horx, Matthias: Darf man optimistisch sein? In: Horx.com, Kolumne 49, 2020. URL: https://www.horx.com/49-darf-man-optimistisch-sein/ (24.08.2020)

Horx, Matthias: Das blaue Leuchten. In: Horx.com, Kolumne 56, 2020b. URL: https://www.horx.com/56-das-blaue-leuchten/ (24.08.2020)

Horx, Matthias: Die blaue Revolution. In: Horx.com, Kolumne 43, 2020. URL: https://www.horx.com/43-die-blaue-revolution/ (24.08.2020)

Horx, Matthias: Die Wahrheit nach Corona. In: Horx.com, Kolumne 55, 2020. URL: https://www.horx.com/55-die-wahrheit-nach-corona/ (24.08.2020)

Horx, Matthias: Die Zukunft nach Corona. Wie eine Krise die Gesellschaft, unser Denken und unser Handeln verändert. Berlin: Econ 2020

KfW Research: Dossier: Mittelstand ist der Motor der deutschen Wirtschaft. In: www.kfw.de, o.D. URL: https://www.kfw.de/KfW-Konzern/KfW-Research/Mittelstand.html (24.08.2020)

Koerth, Katharina; Wahnbaeck, Carolin: Ofen aus. In: Spiegel.de vom 20.03.2020. URL: https://www.spiegel.de/wirtschaft/unternehmen/vapiano-ist-pleite-corona-opfer-oder-hausgemachte-krise-a-05af220a-d88b-4c87-aa9c-c5c0980f067e (24.08.2020)

Kreutzerfischerpartner: Mittelstand ist strategisch defensiv unterwegs. In: kfp.at vom 05.11.2014. URL: http://www.kfp.at/medien/pdfs/PR_Mittelstand.pdf (24.08.2020)

Lafley, Alan George et al: Die Kunst der Strategieplanung. In: Harvard Business Manager Ausgabe 2019/1, Seiten 44-53

Molitor, Andreas: Hausgemachte Verwirrung. In: Brand eins, Schwerpunkt Komplexität, Ausgabe 07/2019. URL: https://www.brandeins.de/magazine/brand-eins-wirtschaftsmagazin/2019/komplexitaet/hausgemachte-verwirrung (24.08.2020)

Müller, Peter: Das Billionen-Versprechen. In: Spiegel.de vom 31.01.2020. URL: https://www.spiegel.de/politik/ausland/green-deal-der-eu-ursula-von-der-leyen-und-ihr-billionen-versprechen-a-da790e50-2c7d-4223-bb26-bec41cb8e450 (24.08.2020)

Noller, Stephan: Was man von Tesla über die Digitalisierung lernen kann. In: Handelsblatt.com vom 20.02.2020. URL: https://www.handelsblatt.com/meinung/gastbeitraege/gastkommentar-was-man-von-tesla-ueber-die-digitalisierung-lernen-kann/25565310-all.html (26.08.2020)

o.A.: Deutschland in der Rezession – So gefährlich wird der Abschwung. In: Handelsblatt 01.11.2019. URL: https://www.handelsblatt.com/politik/konjunktur/nachrichten/konjunktur-deutschland-in-der-rezession-so-gefaehrlich-wird-der-abschwung/25167654.html (24.08.2020)

Page, Scott E.: The Difference. How the Power of Diversity Creates better Groups, Firms, Schools, and Societies. Princeton: Princeton University Press 2008

Rifkin, Jeremy: Die Null-Grenzkosten-Gesellschaft : das Internet der Dinge, kollaboratives Gemeingut und der Rückzug des Kapitalismus. Frankfurt am Main; New York: Campus 2014

Rivkin, Jan W.; Siggelkow, Nicolaj; Martin, Rolger L., Lafley, Alan G.: Die Kunst der Strategieplanung. In: Manager-Magazin.de vom 26.06.2020. URL: https://www.manager-magazin.de/harvard/strategie/strategieplanung-wie-manager-die-richtigen-konzepte-entwickeln-a-00000000-0002-0001-0000-000160795899 (25.08.2020)

Specht, Frank; Greive, Martin: Innovationskraft sinkt: Der deutsche Mittelstand verschläft die Zukunft. In: Handelsblatt vom 24.10.2019. URL: https://www.handelsblatt.com/politik/deutschland/bertelsmann-studie-innovationskraft-sinkt-der-deutsche-mittelstand-verschlaeft-die-zukunft/25145334.html?ticket=ST-2169320-cJiFcmiKGDJ6bT1zzQgc-ap3 (24.08.2020)

Sprenger, Reinhard K.: „Erfolg macht lernbehindert" – 7 Lektionen für eine souveräne Führung nach Corona. In: Focus.de vom 20.07.2020. URL: https://www.focus.de/finanzen/karriere/gastbeitrag-von-reinhard-k-sprenger-f_id_12124949.html (24.08.2020)

Staebler, Maic: TITEL DES BEITRAGS. In: Impulse Magazin, Ausgabe 07+08/2020, Seite 12

Staudt, Freddy: Digitalisierung ist keine Digitale Transformation. In: CIO.de vom 17.06.2019. URL: https://www.cio.de/a/digitalisierung-ist-keine-digitale-transformation,3546992 (24.08.2020)

Tyborski, Roman: Auf der Suche nach dem Tech-Optimismus. In: Handelsblatt vom 04.11.2019 URL: https://gigagipfel.de/wp-content/uploads/Seiten_22_23_Handelsblatt_2019-11-04.pdf (24.08.2020)

Vermeulen, Freek; Sivanathan, Niro: Zeit für eine neue Strategie. In: Harvard Business Manager Ausgabe 2019/1, Seiten 6-13

Subscription

Gold, Carl: 2020: The Year of Subscription Service Growth and Iteration. MultiChannelMerchant vom 26.12.2019. URL: https://multichannelmerchant.com/blog/2020-year-subscription-service-growth-iteration/ (13.07.2020)

Horton, Graham: Ein Beispiel für Servitization: Power by the Hour. In: Zephram, o.D. URL: http://www.zephram.de/blog/geschaeftsmodellinnovation/beispiel-servitization/ (07.07.2020)

Koenen, Jens: Heidelberger Druck schrumpft sich gesund. In: Handelsblatt vom 09.06.2020. URL: https://www.handelsblatt.com/unternehmen/industrie/maschinenbau-heidelberger-druck-schrumpft-sich-gesund/25897272.html (24.08.2020)

Marr, Bernard: The Amazing Ways John Deere Uses AI and Machine Vision to Help Feed 10 Billion People. In: Forbes, 15.03.2019. URL: https://www.forbes.com/sites/bernardmarr/2019/03/15/the-amazing-ways-john-deere-uses-ai-and-machine-vision-to-help-feed-10-billion-people/#6e20f0a52ae9) (21.08.2020)

Müller, Eva: Maschinenbauer kopieren Netflix-Modell. In: Manager Magazin vom 20.06.2019. URL: https://www.manager-magazin.de/politik/heidelberger-druck-trumpf-viessmann-industrie-setzt-auf-abos-a-00000000-0002-0001-0000-000164471693 (21.08.2020)

Paproth, Yona: Wirtschaftlicher Erfolg mit Subscription-Geschäftsmodellen. In: FIR an der RWTH Aachen, o.D.. URL: https://www.fir.rwth-aachen.de/forschung/dienstleistungsmanagement/subscription-business-management/ (24.08.2020)

Smith-Gillespie, Aleyn; Muñoz, Ana; Morwood, Doug; Aries, Tiphaine: Rolls-Royce: A Circular Economy Business Model Case. In: R2π: The route to circular economy, 2019. URL: http://www.r2piproject.eu/wp-content/uploads/2019/05/RollsRoyce-Case-Study.pdf (15.07.2020)

Automotive, Carsharing

Conrad, Bernd: Porsche fahren für 1.299 Euro. In: Auto, Motor und Sport vom 04.03.2019. URL: https://www.auto-motor-und-sport.de/tech-zukunicrosoche-inflow-cluno-auto-abo/ (14.07.2020)

dpa: VW-Chef Winterkorn sieht Autoindustrie vor großen Umbrüchen. In: Focus. de vom 03.03.2014. URL: https://www.focus.de/regional/niedersachsen/auto-vw-chef-winterkorn-sieht-autoindustrie-vor-grossen-umbruechen_id_3658573.html (25.08.2020)

Dpa/swi: Carsharing von BMW und Daimler: Share Now soll schneller aus den roten Zahlen. In: Automobilwoche vom 15.01.2020. URL: https://www.automobilwoche.de/article/20200115/AGENTURMELDUNGEN/301159932/carsharing-von-bmw-und-daimler-share-now-soll-schneller-aus-den-roten-zahlen (14.07.2020)

Korosec, Kirsten: Porsche Expands On-Demand Subscription Plans to Four More Cities. In: Tech Crunch vom 29.08.2918. URL: https://techcrunch.com/2019/08/29/porsche-expands-on-demand-subscription-plans-to-four-more-cities/ (14.07.2020)

NDR 1 Niedersachsen: Kooperation: VW und Ford unterzeichnen Verträge. In: NDR vom 10.06.2020. URL: https://www.ndr.de/nachrichten/niedersachsen/braunschweig_harz_goettingen/Kooperation-VW-und-Ford-unterzeichnen-Vertraege,vw5410.html (07.07.2020)

o.A.: Carsharing Anbieter. In: Carsharing-News vom 03.02.2020. URL: https://www.carsharing-news.de/carsharing-anbieter/ (07.07.2020)

o.A.: Ford und Volkswagen weiten weltweite Kooperation auf autonomes Fahren und Elektrifizierung aus. In: Volkswagen Newsroom vom 12.07.2019. URL: https://www.volkswagen-newsroom.com/de/pressemitteilungen/ford-und-volkswagen-weiten-weltweite-kooperation-auf-autonomes-fahren-und-elektrifizierung-aus-5188 (14.07.2020)

o.A.: Das Joint Venture: Unsere Story. In: Your-Now, o.D. URL: https://www.your-now.com/de/our-story (07.07.2020) o.A.: Digitalisierung und Vernetzung der Autos wichtiger als PS. In: automotive-bw.de vom 06.03.2014. URL: http://automotive-bw.de/de/aktuelles/meldungen/Digitalisierung-und-Vernetzung-der-Autos-wichtiger-als-PS.php (24.08.2020)

o.A.: Nachhaltige Mobilität im Fokus: SHARE NOW baut Elektroflotte aus. In: www.Car2Go.com, Pressemitteilung vom 02.04.2019. URL: https://www.car2go.com/media/data/germany/microsite-press/files/20190402_share-now-baut-elektroflotte-aus.pdf (07.07.2020)

o.A.: „Ohne Zweifel ein echter Porsche." Im Interview spricht Porsche-Chef Oliver Blume über den Taycan, die Chancen der Elektromobilität und die Zukunft des Unternehmens. In: Christophorus 03/2019. URL: https://christophorus.porsche.com/de/2019/392/oliver-blume-taycan-interview-e-mobility.html (24.08.2020)

o.A.: Über uns: Unsere Mission. In: Ionity.eu, o.D. URL: https://ionity.eu/de/about.html (07.07.2020)

Pertschy, Fabian: Harman schließt Standort Straubing. In: Automobil-Produktion.de vom 16.01.2020. URL: https://www.automobil-produktion.de/hersteller/wirtschaft/harman-schliesst-deutsche-standorte-125.html (24.08.2020)

Phillips, Sandra: Carsharing Market & Growth Analysis 2019. In: Movmi.net vom 10.07.2019. URL: https://movmi.net/carsharing-market-growth-2019/ (07.07.2020)

Sommer, Ulf: Warum für die Zulieferer keine Trendwende in Sicht ist. In: Handelsblatt vom 08.11.2019. URL: https://www.handelsblatt.com/unternehmen/industrie/autoindustrie-warum-fuer-die-zulieferer-keine-trendwende-in-sicht-ist/25200822.html (24.08.2020)

Wallerang, Lars: Zulieferer prägen die Mobilität der Zukunft. In: auto-presse.de vom 09.05.2019. URL: http://auto-presse.de/autonews.php?newsid=570322 (25.08.2020)

IT- und Telekommunikation

Appolonia, Alexandra: How BlackBerry went from controlling the smartphone market into a phone of the past. In: Business Insider vom 21.11.2019. URL: https://www.businessinsider.com/blackberry-smartphone-rise-fall-mobile-failure-innovate-2019-11?r=DE&IR=T (07.07.2020)

Gustin, Sam: The Fatal Mistake that Doomed BlackBerry. In: Time vom 24.09.2013. URL: https://business.time.com/2013/09/24/the-fatal-mistake-that-doomed-blackberry/ (07.07.2020)

Microsoft Corp: Press Release & Webcast: Earnings Release FY19 Q4: Microsoft Cloud Powers Record Fourth Quarter Results. In: Microsoft Investor Relations vom 18.07.2019. URL: https://www.microsoft.com/en-us/Investor/earnings/FY-2019-Q4/press-release-webcast (06.07.2020)

JLuo: The Rise and Fall (and Rise Again?) of BlackBerry. In: Harvard Business School: Digital Innovation and Transformation MBA Student Perspecitves. URL: https://digital.hbs.edu/platform-digit/submission/the-rise-and-fall-and-rise-again-of-blackberry/ (07.07.2020)

Steward, Ashley; Lebowitz, Shana: Satya Nadella employed a 'growth mindset' to overhaul Microsofts cutthroat culture and turn it into a trillion-dollar company – here is how he did it. In: Business Insider vom 03.03.2020. URL: https://www.businessinsider.com/microsicrosoftoft-ceo-satya-nadella-company-culture-shift-growth-mindset-2020-3?r=DE&IR=T (06.07.2020)

Swearingen, Jake: BlackBerry Now Controls 0.0 Percent of the Smartphone Market. In: York Magazine vom 15.02.2017. URL: https://nymag.com/intelligencer/2017/02/blackberrys-global-market-share-is-now-0-0.html (07.07.2020)

Valuates Reports: Software As A Service (SAAS) Market Size is Projected to Reach USD 307.3 Billion by 2026 – Valuates Reports. In: PR Newswire vom 23.06.2020. URL: https://www.prnewswire.com/in/news-releases/software-as-a-service-saas-market-size-is-projected-to-reach-usd-307-3-billion-by-2026-valuates-reports-875840023.html (14.07.2020)

Vaz, Nigel: What businesses can learn from Satya Nadella's transformation of Microsoft. VentureBeat. 11.05.2019. In: Venturebeat.com. URL: https://venturebeat.com/2019/05/11/what-businesses-can-learn-from-satya-nadellas-transformation-of-microsoft/ (06.07.2020)

Dienstleistungen, Handwerk, Bau

Mittelstand 4.0-Kompetenzzentrum Stuttgart t c/o Fraunhofer-Institut für Arbeitswirtschaft und Organisation IAO: Gewerkeübergreifende Zusammenarbeit – Wertschöpfungsnetzwerke im Handwerk. 2019. URL: https://digitales-kompetenzzentrum-stuttgart.de/wp-content/uploads/2020/01/Schaaf_Giese.pdf (26.08.2020) o.A.: Wie Max Viessmann seine Heizungsbau-Firma digitalisieren will. In: Wired vom 29.05.2017. URL: https://www.gq-magazin.de/auto-technik/article/max-viessmann-interview-heizungsbau-tradition-digitalisierung (06.07.2020)

Stüber, Jürgen: Wie Viessmann mit einem Generationswechsel die Digitalisierung schaffen will. In: Gründerszene vom 20.04.2018. URL: https://www.gruenderszene.de/business/wie-die-milliarden-firma-viessmann-mit-einem-generationswechsel-die-digitalisierung-schafft?interstitial_click. (06.07.2020)

Viessmann: Viessmann mit drittem Rekordjahr in Folge: Starkes Wachstum im Jahr 2019 trotz schwierigen Marktumfelds. In: Viessmann Newsroom vom 20.03.2020. URL: https://www.viessmann-newsroom.de/unternehmen/viessmann-mit-drittem-rekordjahr-in-folge (15.07.2020)

Weber, Patrick; Keller, Alexandra, Steinhäuser, Nina; Hornberger, Lisa: Gewerkeübergreifende Zusammenarbeit. Beispiel für ein Wertschöpfungsnetzwerk im Handwerk, In: Mittelstand-Digital Magazin: Wissenschaft trifft Praxis, Ausgabe 12, Juli 2019, S. 19-24

Energie und Umwelt

Bundesministerium für Wirtschaft und Energie (BMWi): Der digitalisierte Zander: Die Fischmaster GmbH entwickelt die Fischproduktion der Zukunft, in: Themenheft Mittelstand-Digital: Digitale Geschäftsmodelle, März 2017, S. 11-13 URL: https://www.mittelstand-digital.de/MD/Redaktion/DE/Artikel/digitale-geschaeftsmodelle-1-der-digitalisierte-zander.html (28.08.2020)

o.A.: Terra Preta: Food & Energy Campus. In: bioPress: Fachmagazin für Naturprodukte vom 22.03.2016. URL: https://www.biopress.de/de/inhalte/details/5443/food-und-energy-campus.html (08.07.2020)

Schönert, Elisabeth: So gelingt ein radikaler Neuanfang. In: Manager Magazin vom 25.06.2020. URL: https://www.manager-magazin.de/politik/karriere-und-corona-so-gelingt-ein-radikaler-neuanfang-a-00000000-0002-0001-0000-000171738381 (24.08.2020)

Printed in Poland
by Amazon Fulfillment
Poland Sp. z o.o., Wrocław